中华精神家园
西部沃土

塞外江南

陇右文化特色与形态

肖东发 主编　高宇飞 编著

中国出版集团
现代出版社

图书在版编目（CIP）数据

塞外江南：陇右文化特色与形态 / 高宇飞编著. —
北京：现代出版社，2014.5（2021.7重印）
　ISBN 978-7-5143-2369-6

　Ⅰ. ①塞… Ⅱ. ①高… Ⅲ. ①地方文化－研究－甘肃
省 Ⅳ. ①G127.42

中国版本图书馆CIP数据核字（2014）第085422号

塞外江南：陇右文化特色与形态

主　　编：肖东发
作　　者：高宇飞
责任编辑：王敬一
出版发行：现代出版社
通信地址：北京市定安门外安华里504号
邮政编码：100011
电　　话：010-64267325　64245264（传真）
网　　址：www.1980xd.com
电子邮箱：xiandai@cnpitc.com.cn
印　　刷：三河市嵩川印刷有限公司
开　　本：710mm×1000mm　1/16
印　　张：11
版　　次：2015年4月第1版　　2021年7月第3次印刷
书　　号：ISBN 978-7-5143-2369-6
定　　价：40.00元

党的十八大报告指出："文化是民族的血脉，是人民的精神家园。全面建成小康社会，实现中华民族伟大复兴，必须推动社会主义文化大发展大繁荣，兴起社会主义文化建设新高潮，提高国家文化软实力，发挥文化引领风尚、教育人民、服务社会、推动发展的作用。"

我国经过改革开放的历程，推进了民族振兴、国家富强、人民幸福的中国梦，推进了伟大复兴的历史进程。文化是立国之根，实现中国梦也是我国文化实现伟大复兴的过程，并最终体现为文化的发展繁荣。习近平指出，博大精深的中国优秀传统文化是我们在世界文化激荡中站稳脚跟的根基。中华文化源远流长，积淀着中华民族最深层的精神追求，代表着中华民族独特的精神标识，为中华民族生生不息、发展壮大提供了丰厚滋养。我们要认识中华文化的独特创造、价值理念、鲜明特色，增强文化自信和价值自信。

如今，我们正处在改革开放攻坚和经济发展的转型时期，面对世界各国形形色色的文化现象，面对各种眼花缭乱的现代传媒，我们要坚持文化自信，古为今用、洋为中用、推陈出新，有鉴别地加以对待，有扬弃地予以继承，传承和升华中华优秀传统文化，发展中国特色社会主义文化，增强国家文化软实力。

浩浩历史长河，熊熊文明薪火，中华文化源远流长，滚滚黄河、滔滔长江，是最直接的源头，这两大文化浪涛经过千百年冲刷洗礼和不断交流、融合以及沉淀，最终形成了求同存异、兼收并蓄的辉煌灿烂的中华文明，也是世界上唯一绵延不绝而从没中断的古老文化，并始终充满了生机与活力。

中华文化曾是东方文化摇篮，也是推动世界文明不断前行的动力之一。早在500年前，中华文化的四大发明催生了欧洲文艺复兴运动和地理大发现。中国四大发明先后传到西方，对于促进西方工业社会的形成和发展，曾起到了重要作用。

中华文化的力量，已经深深熔铸到我们的生命力、创造力和凝聚力中，是我们民族的基因。中华民族的精神，也已深深植根于绵延数千年的优秀文化传统之中，是我们的精神家园。

总之，中华文化博大精深，是中国各族人民五千年来创造、传承下来的物质文明和精神文明的总和，其内容包罗万象，浩若星汉，具有很强的文化纵深，蕴含丰富宝藏。我们要实现中华文化伟大复兴，首先要站在传统文化前沿，薪火相传，一脉相承，弘扬和发展五千年来优秀的、光明的、先进的、科学的、文明的和自豪的文化现象，融合古今中外一切文化精华，构建具有中国特色的现代民族文化，向世界和未来展示中华民族的文化力量、文化价值、文化形态与文化风采。

为此，在有关专家指导下，我们收集整理了大量古今资料和最新研究成果，特别编撰了本套大型书系。主要包括独具特色的语言文字、浩如烟海的文化典籍、名扬世界的科技工艺、异彩纷呈的文学艺术、充满智慧的中国哲学、完备而深刻的伦理道德、古风古韵的建筑遗存、深具内涵的自然名胜、悠久传承的历史文明，还有各具特色又相互交融的地域文化和民族文化等，充分显示了中华民族的厚重文化底蕴和强大民族凝聚力，具有极强的系统性、广博性和规模性。

本套书系的特点是全景展现，纵横捭阖，内容采取讲故事的方式进行叙述，语言通俗，明白晓畅，图文并茂，形象直观，古风古韵，格调高雅，具有很强的可读性、欣赏性、知识性和延伸性，能够让广大读者全面接触和感受中国文化的丰富内涵，增强中华儿女民族自尊心和文化自豪感，并能很好继承和弘扬中国文化，创造未来中国特色的先进民族文化。

2014年4月18日

文明萌芽——古老历史

瑰丽初显——文明交汇

陇右奇葩——文化特色

古老历史

在我国远古传说中，伏羲位列三皇之首，是一位做出卓越贡献的创世英雄；女娲也位列三皇，是一位常常与伏羲联袂又经历神奇的中华女始祖。

他们与陇右地区关系非常密切，是这一地区文化的源头。古人以西为右，陇右是指地处陇山以西、黄河以东，大致包括甘肃、宁夏、青海的部分地区和新疆东部一带。

陇右文化萌芽于新石器时代早期以农耕文明为主的大地湾文化，中经大地湾中晚期和马家窑文化，至齐家文化时期，又出现了以沙井文化为代表的游牧文化。

伏羲和女娲的传说

伏羲塑像

在中华民族始祖"三皇"伏羲、神农、黄帝中，伏羲位居"三皇"之首。关于伏羲的传说在春秋战国时期就流传于黄河上下和大江南北。

伏羲又称"伏栖""伏戏""宓羲""虑羲""炮栖"等，生于古成纪，古成纪包括甘肃东南部的天水和静宁、通渭等地。天水地区地处黄河支流渭河的上游，是中华文明的发祥地之一。

伏羲所处时代有多种说法：一种说法认为，伏羲处在原始社会由渔猎时代向畜牧时代过渡的时期；

伏羲雕塑

第二种说法认为伏羲处在母系氏族社会时期；第三种说法认为伏羲处在人类社会由母系氏族社会向父系氏族社会的过渡时期。

伏羲是一个部族的首领，同时也是一个氏族部落的名号。相传伏羲聪慧过人，人首蛇身，身上有形似蛇鳞状的标志或装饰物。

蛇身是古代先民以蛇为图腾，或衣着蛇形纹的装饰，它反映了原始氏族崇奉的图腾物的形象。蛇身显示伏羲是蛇图腾，出身于蛇系氏族。

以蛇为图腾的伏羲氏族在进程中，不断将一些别的氏族形形色色的图腾部分地吸收到自己的图腾中，蛇接受了兽类的四脚、马的头、鬃和尾，鹿的角，狗的爪，鱼的鳞和须，最终成为神物——龙。后来龙逐渐成为中华民族的族徽，成为中国人的象征了。

在夏朝建立之前，我国处于漫长的原始氏族社会

神农 又称"神农氏"，华夏太古三皇之一，有文字记载他出现时代在战国时期以后。被世人尊称为"药王""五谷王""五谷先帝""神农大帝"等。传说神农是农业和医药的发明者，他教人医疗与农耕，被医馆、药行视为守护神。

伏羲畫八卦圖

■ 伏羲八卦图

瑟 是我国古代一种拨弦乐器，形状似琴，有25根弦，弦的粗细不同。每弦瑟有一柱。按五声音阶定弦。最早的瑟有50根弦，故又称"五十弦"。

历法 是用年、月、日等时间单位计算时间的方法。主要分为阳历、阴历和阴阳历3种。我国是最早发明历法的国家之一，它的出现对我国经济、文化的发展有一定的影响。农历是我国传统历法之一，属于阴阳历并用。

阶段。在氏族社会中，每个氏族都有自己的图腾信仰和名称，并以此区别于其他氏族。

在氏族内部，每个氏族成员以及首领则以自己所属的氏族图腾作为标记，并以所属氏族的名称作为个人的私名，个人的私名与氏族名具有很大的一致性。

文献记载伏羲有多种贡献，其中主要有8项贡献：

一是始作八卦；二是创造书契；三是创嫁娶之礼；四是结网罟，教民渔猎；五是钻木取火，烹饪熟食；六是设官理民，号称"龙师"；七是制瑟作乐；八是造历法，定节气。

伏羲的8项贡献，可以分为3种类型：

第一种是发扬前人的创作。华夏人工取火的发明者燧人氏已掌握了火的使用，伏羲改进了钻木取火的技术，并将其应用到生活中；改进了烹饪技术，提高了先民的生活质量，所以人们尊他为"庖牺"。

第二种是萌芽状态的发明。例如造书契、制历法、以龙纪官等。这些创作是十分朴素的，尚处于萌芽状态。

第三种是比较成熟的原创性发明。如制网罟、教民渔猎、制嫁娶之礼等，这些发明对当时的社会生活都具有十分重大的现实意义。

伏羲"做结绳而为网罟，以佃以渔""养牺牲以充庖厨"，上古时代的天水地区气候温润，河湖随处可见，森林茂密，水草丰美，宜于渔猎畜牧。

伏羲生活的时代，陇右先民以自然采集为主要生活来源，在伏羲的言传身教下，陇右先民学会了结网捕鱼、狩猎。既替代了原来落后的狩猎形式，又将生产活动拓展到川泽水域。

由于渔业发达，陇右先民对鱼非常熟悉，他们把鱼绘制在彩陶艺术制品中。狩猎方面，鹿、羚羊等食草动物和一些小型啮齿类动物，

远古人类狩猎

都是河陇先民的狩猎对象。

有时候，陇右先民捕获了大量的猎物，除了满足当时食用外，剩余部分都腐烂扔掉了，但有时候，又猎获不到猎物。伏羲通过摸索特性，喂养圈育，驯化为家禽、家畜，保证了食物的供应，这使后人免除了饥饿的威胁，是对后世的一大贡献。

相传伏羲"始创嫁娶，以俪皮为礼"。"俪皮"就是鹿皮，一说为两张鹿皮，是男女双方订婚的礼物；一说为一张鹿皮，划为两半，男女各拿一半为婚姻信物。伏羲的这一发明，可能是对偶婚向一夫一妻制的巨大迈进。

伏羲最大的贡献是始画八卦。伏羲认识了天地分阴阳，用阳爻"—"、阴爻"--"简单的符号，表达了一生二、二生三、三生万物的玄理。八卦就是运用重叠组合推演天地万物以示于人的八种卦象符号。

组成八卦最基本的符号，即阳爻与阴爻。两者重叠组合，就生成八卦。八卦两两组合就生成六十四卦，用以推演天地万物变化，无穷无尽。

用八卦的重叠变化显示的卦象，加上卦辞、爻辞的解说，用以推断吉凶，占卜祸福，形成的一套理论体系就是易理。

对立统一的阴阳八卦思想，构成了中华民族认识

■ 原始人生活场景

《礼记》是我国古代一部重要的典章制度书籍，是我国古代社会情况、典章制度和儒家思想的重要著作。《礼记》的内容主要是记载和论述先秦的礼制、礼仪，记录孔子和弟子等的问答；记述修身做人的准则，涉及社会、政治、伦理、哲学、宗教等各个方面。

主观世界和客观世界的独特模式，对我国传统的自然科学和社会科学的创立和发展，提供了理论依据。

八卦是伏羲文化的精髓，后经古代先贤、历史学者的研究、继承、发展，形成了一个完整的理论体系。八卦的哲学思想，在漫长的历史长河中，灌溉滋养着中华民族文化，正是基于此，伏羲被誉为"人文始祖"，民间称"人宗爷"或"人祖爷"。

伏羲文化是中华民族的源头文化，具有丰富的哲学内涵和文化意蕴，对揭示中华文明起源和中华民族的形成，具有重要价值和意义。同时，伏羲文化也是凝聚中华各民族、孕育民族精神，开发民族智慧不可替代的源头力量。

女娲与伏羲并列"三皇"，也是中华民族的人文始祖，女娲的事迹大约与伏羲同时出现。古籍《楚辞》《风俗通义》《礼记》《山海经》《汉书》等对其事迹多有记载描写。女娲的主要事迹有化育万物、抟土造人、补天治水和与伏羲成婚繁衍人类、订婚姻等。

《风俗通义》记载：

俗说天地开辟，未有人民，女娲抟黄土做人。剧务，力不暇供，乃引绳于絙泥中，举以为人。

■ 石雕八卦图

女娲是中华民族的始祖和生育之神，创建了婚姻制度，充当了人类的第一个媒人。

伏羲和女娲对当时的婚姻制度进行了改革，他们总结了过去因氏族内部混乱的婚姻关系造成人丁不旺的经验教训，对旧的婚姻习惯进行了改革，通过正姓氏，明确氏族源流，确定各人的血缘关系，并作出规定，严格禁止族内通婚，推行族外婚制度。

女娲塑像

推行族外婚制度，不仅有利于氏族群体的健康繁衍，提高人类的品质，而且打破了氏族活动的狭小范围，开阔了人们的眼界，加强和拓展了氏族间的交往和联系，对人类自身的发展和社会的进步发挥了重要作用。

阅读链接

在天水麦积区渭南西部，有一座卦台山，相传这就是伏羲画八卦的地方。伏羲经常站在卦台山上，仰观天上的日月星辰。

有一天，伏羲又来到卦台山上苦苦思索他长期以来观察的现象，突然听到一声奇怪的吼声，只见卦台山对面的山洞里跃出一匹龙马。说它是龙马，是因为这个动物长着龙头马身，身上还有非常奇特的花纹。这匹龙马一跃就跃到了卦台山下渭水河中的一块大石上。这块石头形如太极，配合龙马身上的花纹，顿时让伏羲有所了悟，于是画出了八卦。

华夏始祖黄帝的传说

　　黄帝是华夏一位著名的部落联盟首领，位列五帝之首，是公认的华夏民族的共主，被尊为中华"人文初祖"。相传黄帝诞生于在陇右天水地区，号轩辕氏。

轩辕黄帝塑像

黄帝画像

据《水经注·渭水》记载：

> 渭水又东南合迳谷水……又西北轩辕谷水注之，水出南山轩辕溪。南安姚瞻以为黄帝生于天水，在上城东七十里轩辕谷。皇甫谧云生寿邱，邱在鲁东门北。未知孰是也。

具体来说，黄帝诞生地为天水清水县东的三皇谷。

据《甘肃通志》记载：

> 轩辕谷隘，清水县东七十里，黄帝诞此。

据《甘肃省志·考异》记载：

> 轩辕谷在上邽城东七十里，轩辕帝牲处也。

这里所说的清水县东七十里，就是轩辕谷所在地。轩辕谷在清水民间俗称"三皇沟"，相传为黄帝诞生处。

天水地区的人认为伏羲氏是西北古老民族戎族的古老祖先，从戎族的发展壮大中分析出以炎帝为代表的羌族和以黄帝为代表氏族，前者姜姓，后者姬姓，姜即羌，他们生活在羌水流域；姬即氏，早期活动于姬水一带。

姬水，即氐水，就是现在甘肃省清水县的牛头河上游的大氐水和小氐水，所以黄帝生于天水。

史籍记载，黄帝复姓公孙，名轩辕。他的父亲少典是有熊国国君，他的母亲为有娇氏之女，名叫附宝。

相传黄帝的母亲在野外碰到闪电绕着"北斗枢星"，竟感而有孕，怀胎 24 个月生下黄帝。黄帝"生而神灵，幼而徇齐，弱而能言，长而敦敏，成而聪明"。

黄帝成为氏族首领之后，有熊氏的势力得到迅速发展，并形成一个独立的黄帝部落。黄帝部落在从姬水向东发展的过程中，继承了神农以来的农业生产经验，将原始农业发展到高度繁荣阶段，使本部落迅速发展壮大。

黄帝一族及其后裔在天水一带曾建有轩辕之国、氐人之国和西鲁之国。为了寻求更广阔的发展空间，黄帝率领部族沿渭河东迁到宝鸡岐山一带。

为了扩展自己的势力范围，黄帝部落和炎帝部落相互争夺，最终，黄帝部落打败了炎帝部落，两个部落渐渐融合成华夏民族。

轩辕黄帝指挥作战

■ 黄炎结盟图

炎帝 烈山氏，
号神农氏，又称
赤帝，华夏始祖
之一，与黄帝并
称中华始祖，中
国远古时期部落
首领。炎帝制来
耜，种五谷。治
麻为布，民着衣
裳。做五弦琴，
以乐百姓。制作
陶器，改善生
活。为中华民族
的人文初祖。他
与黄帝结盟并逐
渐形成了华夏
族。因此形成了
炎黄子孙。

在打败炎帝部落以后，黄帝又统一了中国各部落。他以统一华夏部落与征服东夷、九黎族进而统一中华的伟大功绩载入史册。《山海经》中首先提到黄帝及黄帝的事迹。

其中，《山海经·西山经》的《不周山篇》首先说到黄帝：

又西北三百七十里，曰不周之山……又西北四百二十里，曰密山……丹水出焉，西流注于稷泽，其中多白玉。是有玉膏，其原沸沸扬扬，黄帝是食是飨。是生玄玉。玉膏所出，以灌丹木，丹木五岁，五色乃清，五味乃馨。

黄帝之前，田无边际，耕作无数，黄帝以步丈亩，以防争端，将全国土地重新划分，划成"井"字，中间一块为"公亩"，归公家所有，四周8块为"私田"，由8家合种，收获缴公家。

黄帝还对农田实行耕作制，及时播种百谷，发明杵臼，开辟园、圃，种植果木蔬菜，种桑养蚕，饲养兽禽，进行放牧，等等。

缝织方面，黄帝发明机杼，进行纺织，制作衣裳、鞋帽、帐幄、毡、衮衣、华盖、盔甲、旗、胄。

制陶方面，黄帝制造碗、碟、釜、甑、盘、盂、灶等。

建筑方面，黄帝建造宫室、銮殿、庭、明堂、观、阁、城堡、楼、门、阶、蚕室、祠庙等。

交通方面，黄帝制造舟楫。

此外，黄帝在农业方面有许多创造性发明。据《史记·五帝本纪》中记载，轩辕黄帝的功绩之一是"艺五种"。"五种"是指"黍、稷、菽、麦、稻"五谷。

黄帝掌握了平原农业的许多特点，"岁时熟而亡凶，天地休通，五行期化，故风雨时节，而日月精明，星辰不失其行"。黄帝充分认识到，必须挖掘土地的潜力，广耕耘，勤播种，才能使人们丰衣足食。

他率领百姓"时播百谷草木"，并"淳化鸟兽昆虫，历离日月星辰；极

■原始人劳作场景

■ 原始人种植图

敔土石金玉，劳心力耳目，节用水火材物"。传说中黄帝的行为感动了上帝，出现了许多祥瑞之兆："地献草木""九牧昌教"。

黄帝被公认为父系氏族社会的代表人物，其诞生地天水地区的大地湾文化前仰韶文化，反映了陇右地区母系氏族社会阶段陇右先民的居住、生活、生产的状况。马家窑文化又反映了黄帝部族的经济状况。

黄帝上承三皇之德，下开华夏五千年文明之端，其蕴含的自强不息、厚德载物、宽厚仁和的民族精神是中华民族精神的核心，催生了中华民族文化的兴起和勃发。

阅读链接

黄帝一生下来，就异常的神灵。生下没多久，便能说话。15岁时，已经无所不通了。

公元前2697年，20岁的黄帝继承了有熊国君的王位。因他发明了轩冕，故称"轩辕"。又因他以土德称王，土色为黄，故称作"黄帝"。

开创农耕文明的大地湾

陇右地区位于青藏高原、内蒙古高原和黄土高原的接合部，在水分、热量和植被等地理因素上属于典型的过渡性自然带，这为陇右地区发展农业、经营畜牧或半农半牧经济的形成提供了可能。

大地湾是一处距今约7800年的史前遗址。它是我国新石器时代目前发现的最早的遗址，比河南省渑池仰韶村和陕西省西安的半坡村遗址都要早。

大地湾遗址位于甘肃渭河上游的秦安县城东北45千米处的五营乡邵店村东侧、葫芦河支流清水河南岸的阶地和相连的缓坡山地上。遗址总面积约275万平方米。

大地湾遗址文化类型根据时间的早晚，共分五期类型。

红陶钵

■ 仰韶彩陶

彩陶 又称"陶瓷绘画"，是指在打磨光滑的橙红色陶坯上，以天然的矿物质颜料进行描绘，用赭石和氧化锰作为呈色元素，然后入窑烧制。在橙红色的胎地上呈现出赭红、黑、白、诸种颜色的美丽图案，形成纹样与器物造型高度统一，达到装饰美化效果的陶器。

第一期类型称为"大地湾文化"。它是在渭河流域发现最早的新石器文化。

第二期类型称为"仰韶文化早期"，距今约6500年。这里发掘出被称为"陇原第一村"的较完整的原始氏族村落。

这个村落以广场为中心，房址以扇形分布，周围以壕沟环绕，平面为向心式封闭格局，展示了神奇的原始生活面貌。这一期出土了一批绚丽多彩的彩陶，其中有很多艺术珍品，如情趣盎然的鱼纹盆，将造型、雕塑、彩绘艺术和谐地融为一体的人头瓶等。

第三期类型称为"仰韶文化中期"，距今约5900年，此时的彩陶艺术达到繁荣阶段。线条生动活泼、图案变化无穷。造型与彩绘的完美结合体现出原始艺术师的精湛技艺以及对生活的热爱。

第四期类型称为"仰韶文化晚期"，距今约5500年，此期的聚落由于农业的发展、人口的剧增迅速扩大至整个遗址。

第五期类型又称为"常山下层文化"，距今约4900年，这一期可视为仰韶文化向齐家文化演变的过渡性遗址。

大地湾遗物内容异常丰富。其在原始建筑、艺术、农业起源、文字和宗教等多方面，均是中华文明悠久、博大和先进的典型代表，是中华文明火花的最初闪现。

由于大地湾一期文化早于中原仰韶文化的典型代表半坡文化千年以上，两者在文化原貌上又有沿袭承传的密切关系，因此对探索中华文明的线索和原生面貌，具有极为重要的价值。

在已发掘的遗址中，大地湾发掘面积最广、收获最丰富，其村落范围长约120米，宽40米至60米，残存4座房址、17个灰坑以及15座墓葬。房址周围既有储藏物品的窖穴，也有墓葬，有的墓葬离房址近在咫尺。

在大地湾房屋遗址中，最早是深穴窝棚式建筑，距今七八千年时间，这是标志着人类的居住方式从穴居向半穴居迈进的一个新起点。

中期的房屋多是半地穴式的窝棚，居住面积有大有小，大的可能是公共活动中

大地湾遗址出土的陶器

门斗 在建筑物出入口设置的起分隔、挡风、御寒等作用的建筑过渡空间。门斗是汉族在东北居住的民居，房门前安设的一种防寒设施，每到严冬，人们就将门斗安装在正房门前，与外门连接用它来挡住寒风吹入屋中，以此来保暖。后来由东北传到内蒙各地，在内蒙古王府大宅居多。

心或者首领的居住地。小的可能是单个家庭居住。屋内地面也不那么平整，只有一层因长期踩踏而形成的硬土面。

至晚期，已发现平地起建、居住面多以白灰面涂抹或青灰色料礓石渣和细沙混合筑成的房屋。屋前有与住室相通的"凸"字形门斗。

尤其大地湾编号为F901的房址，是迄今为止年代最早、规模最大、最具中国建筑风格的"宫殿式建筑"，距今5000多年，代表了仰韶建筑的最高成就。

其一是建筑规模巨大；其二是工艺精良，方法进步；其三是布局规整，平衡对称。

它由主室、东西两侧室和后室、门前附属物构成，总面积420平方米，主室前后各有8根附壁柱将主室划分为8柱9间式的宫殿格局，这些附壁柱和顶梁柱构架起这座宫殿式建筑的主体。

■ 原始人类制陶场景

墙是厚达0.25米的木骨泥墙，起到间隔和保温的作用，并不承担屋顶的重量，整座建筑有着"墙倒屋不倒"的特点。

在主室的西北侧，可以看到一块约一平方米青黑色地面，地面十分坚硬。另外，在墙壁、门、灶台的设计布局上还增加了防火保护层，是富有中华文化特色的宫殿建筑雏形，而且开创了后世我国传统木结构建筑的先河。

人面鱼纹彩陶盆

019

文明萌芽

古老历史

后在大地湾遗址中发现了墓葬，不见集中的公共墓地。墓坑呈长方形或圆形，葬式以单人仰身直肢为主。大地湾的葬俗是双手交叉于胸前，腰腿一侧随葬少量陶器和石器等，其中多有彩陶。

这些器物均为死者生前使用的生活、生产用品，不是专事随葬的冥器，由此可见当时的生产制作能力有限。

大地湾房址初期为圆形，后来改为方形或长方形。

在大地湾遗址中发现的新石器时代早期遗存，生产工具主要是打制或略加磨制的石器，有斧、刀、砍砸器、刮削器，还有些细石器，表现出一定的原始性。

大地湾遗址出土的陶器口沿上多绘有红色宽彩带，是我国最原始的彩绘图案。

这些陶器以生产、生活用器为主，从外观上看，器表色泽不统一，常见褐色斑块，陶色或红或褐，或内黑外红，质地不甚坚硬，陶

人头形彩陶器皿

片分层。仔细观察陶质，多为夹细砂陶，陶片断茬处砂粒清晰可见。

形状有圆底钵、三足钵、三足罐、圈足碗、小口瓶、尖底瓶、口足鼎、平底釜、条形盘、深腹罐等。彩陶三足钵高约12.5厘米，口径27厘米。

大地湾先民以小口壶储藏饮水，以三足钵做饮器。圈足碗用来盛食物。圈足碗形制大小与今天使用的瓷碗差不多大小。

这些陶器大量使用的纹饰是交错绳纹或细密的斜绳纹，尤其是同一器物同时使用彩绘和绳纹，是该文化独有的现象。其陶器制法独特，在陶模上分层敷泥而成，简称"力模具敷泥法"，它不同于大多数彩陶文化使用的泥条盘筑法。

大地湾彩陶主要器型有盆、钵、瓶、壶等，其上普遍施彩。出土的人头形器口彩陶瓶是国宝级的彩陶，细泥红陶。器形为两头尖的长圆柱体，下部略内收，腹双耳已残。

口做圆雕人头像，披发，前额短，发整齐下垂。鼻呈蒜头形。鼻、眼均雕成空洞，口微张。两耳各有一小穿孔，头顶圆孔做器口，腹以上施浅淡红色陶衣。黑彩画弧线三角纹和斜线组成的二方连续图案三组。

造型以抽象的线条与人头像相结合，颇具特色。装饰以雕塑与彩饰构成一体，极其自然，是一件极具实用性和艺术性的古代艺术品。

大地湾第三期类型的饰彩陶器多为红陶，也有少量的橙黄陶，质地细密，器表光洁。彩陶主要集中使用在盆、钵、盂、碗等饮食器具上。

大地湾彩陶分为两类，一类是烧制的彩陶，饰彩陶器均为泥质陶，但器表打磨光滑。第二类为彩绘陶，有白、红两种彩绘，白彩要多于红彩。

后在大地湾遗址出土的陶器上发现了10多种刻画符号，有类似水波纹状的；有类似植物生长的；还有以直线和曲线相交的形纹，等等。

这些介于图画和文字之间的朱彩符号，在年代上要早于半坡遗址的刻画符号千年以上，又与仰韶时代种类逐渐增多的刻画符号有密切联系，这无疑为我国的文字起源提供了极为重要的资料和线索。

这些刻画符号可能是我国文字的最早雏形。

在大地湾的灰坑中，采集到已碳化的禾本科的黍和十字花科的油菜子，其中黍的年代距今约7000多年，是我国同类作物中时代最早的标本，较之于半坡遗址中黍早了1500多年。

说明陇原大地最早的垦荒者至少在7000多年以前就成功地将野生黍培养成栽培黍，进而确立了我国黍源于陇西黄土高原的说法，证明了以大地湾遗址为中心的清水河谷是我国最早的粮食和油料作物的种植地，也是我国旱作农业黍、稷的发祥地。

阅读链接

大地湾彩陶的成型方法主要为模具敷泥法和泥条筑成法。新石器时代的陶器制作方法大致可分为手制、模制和轮制。

手制可分为捏塑法、泥片贴筑法、泥条筑成法。捏塑法仅限于少量小型器物，以及器物上的附件，如耳、足与贴附在器物上成为附加堆纹的手捏泥条等。泥片贴筑法主要流行于南方地区，泥条筑成法是流行于包括甘肃在内的黄河流域的主要制陶方法。

模制法即以模具为依托的陶器成型方法。它的初级阶段是模具敷泥法，大地湾文化遗址中出土的彩陶，很多就是以这种方法制成的。轮制法是用快速旋转的陶轮坯成型的工艺。从早期的手制，发展到快轮制陶，经历了一个漫长的发展过程。

绚丽典雅的马家窑彩陶

马家窑文化，1923年首先发现于甘肃省临洮的马家窑村，因此命名为"马家窑文化"。马家窑文化是仰韶文化向西发展的一种地方类型，出现于距今约5000年的新石器时间晚期，历经3000多年的发展。

■ 马家窑文化遗址

马家窑文化主要分布在甘肃省中南部地区，以陇右黄土高原为中心，东起渭河上游，西到河西走廊和青海省东北部，北达宁夏回族自治区南部，南抵四川省北部。

马家窑文化包括马家窑、半山、马厂3个文化类型，马家窑类型早于半山类型，半山类型早于马厂类型。其中，半山类型和马厂类型相承、相似的因素很多，关系密切。

半山文化类型分布范围与马家窑类型相同，但已逐渐西移。马厂文化类型的分布则较马家窑文化类型和半山文化类型更为向西。

马家窑文化的村落遗址一般位于黄河及其支流两岸的台地上。房屋多为半地穴式建筑，也有在平地上起建的。房屋的平面形状有方形、圆形和分间三大类，其中以方形房屋最为普遍。

方形房屋为半地穴式，面积较大，一般在10平方米至50平方米之间，屋内有圆形火塘，门外挖一方形窖穴存放食物。圆形房屋多为平地或挖一浅坑开始建，进门有火塘，中间立一中心柱支撑斜柱，房屋呈圆锥形。

分间房屋最少，主要见于东乡林家和永登蒋家坪，一般在主室中间设一火塘，侧面分出隔间。

马家窑文化墓地一般和住地相邻，流行公共墓地，墓葬排列不太规则，多数为东或东南方向。盛行土坑墓，有长方形、方形和圆形等。葬式因时期和地区不同而有变化，一般有仰身直肢、侧身屈肢。

墓葬内一般都有随葬品，随葬品主要有生产工具、生活用具和装

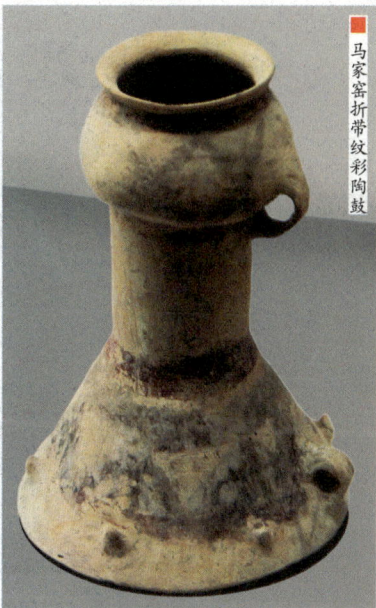

■ 马家窑跳舞纹陶盆

旋涡纹 是新石器时代彩陶的代表性花纹，形似旋涡。随着时代的更替，审美观的改变，旋涡纹不断注入新的活力，将我国传统特色的纹样表现得淋漓尽致，从而在色彩、装饰方法、工艺技术和造型结构特点上，成为我国独具特色的装饰文化代表。

饰品等，少数随葬粮食和猪、狗、羊等家畜。有的墓地的随葬品，男性多为石斧、石锛和石凿等工具，女性多为纺轮和日用陶器等用具。

随葬品在数量和质量上都有差别，而且越至晚期差别越大，有的随葬品达90多件，而有的一无所有。这种贫富差别的增大，标志着原始社会逐步走向解体。

马家窑文化以彩陶器为代表，器型丰富多彩，图案富于变化和绚丽多彩。另外，它继承了仰韶文化庙底沟类型爽朗的风格，但其表现更为精细，形成了绚丽而又典雅的艺术风格，比仰韶文化有进一步的发展，艺术成就达到了登峰造极的高度。彩陶中最多见的是卷缘盆、彩陶碗等。

由于马家窑文化主要分布在黄河上游及其直流的两岸，所以彩陶图案反映出黄河奔流不息、波涛汹涌的气势。马家窑类型的彩陶内彩特别发达，多装饰在盆、钵内，以旋涡纹和水波纹为主。彩陶图案与器物造型完美地结合在一起。

马家窑文化类型的器形有壶、罐、盆、钵、瓶、勺等，不见鼎一类的三足器，也不见陶炊和圜底釜，但尖底瓶占一定比例，多为平口或侈口尖瓶；碗、钵、盆一类器物腹部较浅，腹部曲线呈圆弧形。

外形比例均衡，棱角分明，线条流畅，多为细泥红陶质，质地坚硬，火候很高，底色橙黄或米黄，一般打磨光滑。

其中小口瓶、细颈硕腹壶、大口长腹瓮以及泥质加砂彩陶盆、钵与带嘴锅等，造型新颖别致，最具典型性。这种造型明显地带有审美的追求，它为相应纹饰的创造打下了基础。

马家窑陶器大多以泥条盘筑法成型，陶质呈橙黄色，器表打磨得非常细腻。马家窑文化遗存中，还发现有窑场和陶窑、颜料以及研磨颜料的石板、调色陶碟等。

马家窑文化的彩陶，早期是以纯黑彩绘花纹为主；中期是使用纯黑彩和黑、红相间绘制花纹；晚期是多以黑、红并用绘制

鼎 是我国青铜文化的代表之一，在古代被视为立国重器，是国家和权力的象征。鼎，同时也是旌功记绩的礼器，以旌表功绩，记载盛况。鼎原是古代的烹饪之器，相当于现在的锅，用来炖煮和盛放鱼肉。最早的鼎是黏土烧制的陶鼎，后来又有了用青铜铸的铜鼎。

■ 马家窑波折纹彩陶瓶

花纹。

马家窑文化制陶工艺开始使用慢轮修坯，利用转轮绘制同心圆纹、弦纹和平行线等纹饰，表现出娴熟的绘画技巧，而且它的内彩也特别发达，图案的时代特点十分鲜明。

马家窑文化时期制陶的社会分工已经专业化，出现专门的制陶工匠师。在我国所发现的所有彩陶文化中，马家窑文化彩陶比例是最高的。

■ 马家窑叶形纹彩陶铃

马家窑彩陶器是世界彩陶发展史上无与伦比的奇观，是人类远古先民创造的最灿烂的文化，是彩陶艺术发展的顶峰。它孕育了中国文化艺术的起源与发展。

半山类型因首现于甘肃省广和县洮河西岸的半山遗址而得名，距今约4500年，分布在陇山以西的渭水上游，兰州附近的黄河沿岸至青海贵德盆地及黄河支流湟水、大夏河、洮河、庄浪河、祖厉河，河西走廊的永昌、武威、古浪、景泰等地区，范围基本与马家窑类型相同。

半山类型的陶器以红陶为主，有少量的灰陶和白陶。彩陶造型美观，图案具有华丽精美的艺术风格，多以黑红相间的线条勾画出各种图案。器形丰富多样，形体匀称，比例协调。

河西走廊 又称"甘肃走廊"，它东起乌鞘岭，西至玉门关，南北介于南山和北山之间，长约900千米，宽数千米至近百千米不等，为西北至东南走向的狭长平地，其形如走廊，因位于黄河以西，因此称"河西走廊"。

半山类型彩陶的主要器型为大型贮藏器壶、瓮、罐。其器型饱满凝重，曲线优美柔和，重心降低，最大径在腹部，直径与高度基本相等，器表打磨得很光滑，制陶技术有了显著提高。

半山类型的彩陶，色彩鲜艳亮丽，图案复杂。纹饰以旋纹、锯齿纹、葫芦形网纹、菱格纹为主，还有圆形纹、叶形纹、贝形纹、神人纹等，锯齿纹是最流行的纹饰。

半山类型彩陶早期以黑彩为主，红彩用得较少，只起点缀作用。中、晚期红彩比例大增，与黑彩使用量差不多。

彩陶大多用黑、红相间的线条绘制图案，一般在器物的口沿内侧绘简单的复线连弧纹或三角纹，口沿外侧绘斜十字纹、波折纹等，颈部绘大三角纹、弦纹、菱格纹等，肩部绘弦纹、锯齿纹，上腹部纹饰内容丰富，大多为组合图案，具有明显的时代特征。

半山类型的彩陶纹饰一般装饰于陶器上腹。从下腹部不绘纹饰可看出，其摆放位置较低，说明这些彩陶极有可能是日常生活实用品。

马厂类型是因最早发现于青海民和县马厂塬而得名，距今约4300

菱块圆点纹彩陶瓮

垂弧锯齿纹彩陶罐

年，分布范围与半山类型大致相同，但更为向西。

马厂时期的器型大部分脱胎于半山类型，但有了进一步的丰富和变化，增加了一些新的器型，最具代表性的是单耳带鋬的筒状杯。这一时期陶器种类繁多。

陶器以红陶为主，有少量的灰陶和白陶。早期器表打磨较光，晚期只有个别的经过打磨，大部分未经磨光，器表比较粗糙。红色陶衣大量出现，但也有少量的白色陶衣。中期彩陶壶数量大增，双耳彩陶罐减少。

马厂类型彩陶纹饰以黑彩为主。马厂早期的彩陶，图案逐渐变得简练，表现手法多样，形成了粗犷豪放的艺术风格。

主要纹饰有四大圆圈纹、变体神人纹、波折纹、回形纹、卦形纹、菱格纹、三角纹等，其中四大圆圈纹和变体神人纹最为流行。

四大圆圈纹主要装饰于大型壶、罐的上腹部，先用红色带绘四大圆圈，内外绘黑色带圈，圆圈内填以各种各样的几何纹。常见的有网格网线纹、菱格纹、斜方格纹、三角纹、折线纹、十字纹、圆点圆圈纹、回形纹和肢爪纹等图案。

这种装饰手法为以后瓷器上的图案开创了先河。

早期的四大圆圈排列紧密，圆圈用黑红复彩绘制，非常规整，内圈为红色带圈，外加1至3圈黑色带，圆圈之间上下的空白处用黑色三角弧线填充。晚期的四大圆圈用黑色绘制，圆圈画得草率不规整，构图简单，表现出了一种衰退现象。

早期的神人纹描绘比较具体，有表现人形整体的，也有只表现面部的。面部描绘较细，接近人的形象。这时的神人纹多装饰在盆、钵内，如甘肃省出土的人面纹彩陶盆和青海省出土的舞蹈彩陶盆，等等。

半山时期神人纹较为抽象，将头画成圆形，躯体和四肢用红、黑相间的带纹、折带纹表示，大多装饰于壶、罐的上腹部和盆、钵内壁。

这时的神人纹，虽然比较抽象，但身体的比例协调。头部以圆圈代表，面部没有具体的五官，身体以宽带代表，四肢多以两节折带代表，向上斜伸。

至半山晚期，神人纹出现变异，头部变大，无五官，内填各种纹饰，上下肢都向上折曲，四肢的肢端有数目不等的指爪。在壶罐上的装饰手法除了独立的神人纹外，还出现了二方连续的神人纹，围绕壶或罐的上腹一周，俯视时像一群人手拉手在聚会、歌舞。

马厂类型彩陶时期，神人纹演变得更为抽象，有的仅以局部的变体纹样表现。完整的神人纹已少见，大多以各种变体形式出现，代表头部的圆圈变得更大，有的将代表头部的圆圈省略，以罐口或壶口代表，在器物的上腹部只绘肢体，下肢由2节变为3节。

至晚期，头部被完全省略，四肢有的从顺向曲折演变为反向成直角曲折；有的不仅将头部省略，连代表身体的宽带也被省略了，演变为肢爪

029

文明萌芽

古老历史

■ 马家窑出土的兽头灰陶盉

马家窑出土的三角折带纹双足罐

纹；有的演变为三角折带纹。神人纹演变为几何纹样。

马厂类型的彩陶上出现了大量的墨绘符号，一般绘制在器物的下腹部无纹饰处，常见的有"○""×""+""—"等形状，这些符号可能是当时一些氏族部落的记号，也可能是文字的前身。

马家窑彩陶文化是马家窑文化最为典型的代表，其彩陶占整个陶系的20%—50%，它的图案之多样，题材之丰富，花纹之精美，构思之灵妙，是史前任何一种远古文化所不可比拟的。

它丰富多彩的图案构成了典丽、古朴、大器、浑厚的艺术风格，臻成彩陶艺术的高峰。留下的极其丰富的图案世界，永远是人类取之不尽的艺术宝库。

阅读链接

柳湾遗址位于青海省乐都县东的高庙乡柳湾村湟水北岸。遗址面积约达11万平方米。

这个地方是黄河上游规模最大的一处氏族公共墓地，包括半山类型、马厂类型和齐家文化、辛店文化等遗存，其中以马厂类型为主。遗址中，彩陶器型不太规整，常见的有盆、碗、杯、豆、壶、罐等。纹饰种类繁多，最具代表性的是四大圆圈纹、变体神人纹和几何纹。在许多无纹饰的彩陶壶、罐下腹部画有各种符号。

内涵丰富的齐家文化

　　齐家文化是以甘肃为中心地区的新石器时代晚期文化，这个时期已经进入铜石并用阶段，1924年因首现于甘肃省广河齐家坪而得名。年代为公元前4200年至公元前3700年。

　　文化遗址350多处，主要分布在甘肃省、青海省境内的黄河及其支流沿岸阶地上。

　　除了齐家坪遗址之外，较著名的有甘肃省永靖大河庄遗址、泰魏家遗址、武威的皇娘娘台、青海乐都的柳湾遗址、神木石卯梁遗址等。

　　齐家先民住房多是方形或长方形的半地穴式建筑，屋内地面涂一层白灰面，光洁坚实。氏

齐家文化出土的素面大口罐

■ 齐家文化出土的菱格纹彩陶罐

族公共墓地常位于居住区附近，流行长方形土坑墓，有单人葬，也有合葬，常以陶器与猪下颌骨等为随葬品。

已发现的齐家文化墓葬共约八百多座。其中秦魏家发现的是一座成年男女二人合葬墓，其中男性为仰身直肢女性则位左侧身、肢面向男性；在皇娘娘台发现的则是成年一男二女的三人合葬墓里，男性仰身直肢位于中间，二女分列左右，屈附其旁。

这些合葬墓表明齐家文化中的婚姻状况已由多偶婚制过渡到一夫一妻制，只有少数富裕的人家中过着一夫多妻制的生活，同时也说明男子在社会上居于统治地位，而女子却降至从属和被奴役的地位。

齐家文化中还存在以人殉葬的习俗，殉葬者都是奴隶和部落战争中的受害者。

殉葬这一恶俗反映了社会地位的差别与阶级分化。墓葬中随葬品的多与少也显示出贫富不均的社会现实。

如皇娘娘台墓葬的随葬器物，陶器少者一两件，多则达37件，玉石璧少的只有1件，多者83件。

这种情况表明，首先，齐家文化中以冶金业为主导的手工业在不断地增长，促进了生产力的发展。

其次，说明社会内部发生了深刻变化，阶级出

殉葬 又称陪葬，是指以器物、牲畜甚至活人陪同死者葬入墓穴，以保证死者亡魂的冥福。以活人陪葬，是古代丧葬常有的习俗。有的是死者的妻妾、侍仆随同埋葬，有的是用俑、财物、器具等随葬。龙山文化时期就出现人殉，商朝男女贵族墓葬有大量的人殉，但没有夫妻合葬、妻妇殉夫的现象。

现，私有制产生，原始社会将要崩溃，齐家文化进入军事民主制阶段。

齐家先民种植的农作物以粟为主，生产工具以石器为主，其次为骨角器。农业生产中挖土的工具主要是石铲和骨铲。

有些石铲已经用硬度很高的玉石来制作，器形规整，刃口十分锋利。骨铲是用动物的肩胛骨或下颚骨制成，刃宽而实用；收割谷物用的石刀、石镰多磨光穿孔；石磨盘、石磨棒、石杵等用于加工谷物。

总的来看，石斧、石铲、石锛的数量都很少。由此反映农业生产并不发达。

作为农业生产的重要补充，畜牧业相对发达。家畜以猪为主，还有羊、狗、马等。仅皇娘娘台、大何庄、秦魏家三处遗址统计，即发现猪下颚骨800多件，表明当时饲养业已成为经济生活的重要内容。

饲养业发展的同时，采集和渔猎经济继续存在，捕获的动物主要有鼬、鹿、狍等。

手工业生产较发达。制陶技术进步明显，制陶技术仍以泥条盘筑法手制为主，部分陶器经慢轮修整，有一些陶罐的口、颈尚留有清楚的轮旋痕迹。制陶工匠已掌握了氧化焰和还原焰的烧窑技术。

陶器独具特色，种类繁多，主要以黄色陶器为主，而且有刻创纹路，并常伴有绳纹，有些容器的外观有棱有角，主要是泥质红陶和夹砂红褐陶。

一些器物的表面施以白色陶衣，大量陶器是素面的，有些罐类和三足器印有篮纹和绳纹，也有少

齐家文化出土的陶罐

量彩陶，绘以菱形、网格、三角和蝶形花纹，线条简化而流畅。

器物造型以平底器为主，三足器和圈足器较少。典型器物有双耳罐、盘、鬲、盆、镂孔圈足豆等，其中以双大耳罐和高领双耳罐最富有特色。

齐家文化的陶工还善于用黏土捏制各种人头造型和动物塑像，人头长颈圆颊，双眼仰望；动物有马、羊、狗或鸟类，形体小巧生动，曲线起伏变化。

大多数的动物形陶器以鸟形为主。其中一件器物外形似一只水鸟，腹部丰满，曲线起伏变化，犹如在水中游动，简洁生动。其中一些陶制瓶和鼓形响铃，铃内装一个小石球，摇时"叮当"作响，是巧妙的工艺品。

齐家文化各期陶器的演变规律是器形从粗矮向瘦长发展，单耳罐领部由矮至高，耳由小环形耳发展至宽边弧形耳，耳上端由与口沿平齐发展到低于口沿。

双大耳罐是齐家文化最常见的一种器物，它从早期到晚期的变化趋势是：颈部由短变长，底径和颈径的比

三角网纹彩陶罐

塞外江南

陇右文化特色与形态

例缩小，腹部由鼓腹发展为折腹。

纺织业进步明显，在居址中、墓葬里普遍发现大批陶、石纺轮及骨针等纺织缝纫工具。有的墓葬人骨架上、陶罐上有布纹的印痕。

在大何庄一件陶罐上的布纹保存较好，布似麻织，有粗细两种，粗的一种每平方厘米经纬线各 11 根，细的一种经纬线更为细密。当时人们穿的衣服主要是用这类麻布缝制的。

■ 宽边弧形耳罐

齐家文化产生了我国最早的青铜器。那个时候，青铜冶炼技术开始推广，进入铜石并用阶段。青铜器的制作多采用冷锻法，也有的采用单范铸造与简单的合范铸造，这都表明了黄河上游地区在中原夏王朝统治时期，冶铜业已居各部族的前列。还有一种说法是，其青铜冶炼和制造的进步表明其进入奴隶制社会早期。

青铜器种类有刀、锥、凿、环、匕、斧、镜和铜饰件等，还有一些铜渣。

齐家文化最大的一件铜器是一件长方形銎，并附一对小钮的铜斧，刃部锋利，全长15厘米。尕马台遗址出土的一件铜镜，直径 9 厘米，厚 0.4 厘米，一面光平，一面饰七角星形纹饰，保存较好。

鬲 饪食器和礼器。流行于商代至战国时期。商代鬲的造型仿制新石器时代鬲制成，器身高，两直耳立于口沿，腹下部成中空状，以扩大受火面积，底有3个短足。商中期后，鬲身装饰精美花纹。商晚期至西周时，器身由竖高向横宽发展；还有方鬲，下部有门可以开合。

■ 尕马台遗址出土的青铜镜

齐家文化玉器以精美著称。玉器种类达到几十种，有玉钺、玉戈、玉铲、玉佩饰、玉丧器等。玉佩饰是人身佩玉，主要有玉发箍、玉璜、玉人、玉龙、玉鸟、玉勒、玉镯、玉坠等；玉丧器是指丧葬用玉。

葬玉的风俗在新石器时代齐家文化晚期已盛行，其品种有玉䁅、玉塞、玉握、玉璧、玉琮等。除了常见的品种外，还发现许多新品种。如礼器玉琮，除形制各异、大小不等的素面纹琮外，还有竹节纹琮、弦纹琮，更有在琮的一端、射孔之上装饰有或牛，或羊，或熊，或虎等浮雕纹饰的兽首或兽面纹琮、人面纹琮或琮形器。装饰品有各种玉佩饰、坠饰、发箍等。

更为珍贵的是，还有圆雕玉人立像，性别有男有女，尺寸从十多厘米至超半米高不等，古朴而生动，有的雕像在各器官部位嵌有多颗绿松石。这类雕像或许是作为膜拜的对象而制作的。

还有各种多孔形器，许多多孔形器雕成扁平的鸟形、兽面形或鸟兽变形图像。

齐家文化玉

塞外江南

陇右文化特色与形态

■ 齐家文化玉环

器，与北方的红山文化玉器和江浙地区的良渚文化玉器，统称为我国三大古玉系列。齐家文化玉器使用的玉材，主要是甘肃、青海本地的玉，另外还有新疆和田玉。

玉器中的工具类如斧、锛、凿等，便主要选用本地玉，一部分工具还直接选用接近石质或玉内含有较重石质的材料。礼器类的琮、璧、环、璜、钺、刀、璋等，选择玉质滋润、色泽纯美的本地玉或和田玉。

齐家文化玉器内涵之丰富，品种之繁多，工艺之精美，令人折服，是齐家文化乃至西北原始文化的重要代表之一。

齐家文化玉斧

阅读链接

齐家坪遗址位于甘肃省广河县洮河西岸。1924年夏季，瑞典考古学家安特生及其助手对洮河一带首次进行考古调查和发掘，在这一带发现了与仰韶文化截然不同的单色压花陶器，以及与古希腊、古罗马的安佛拉瓶造型类似的双大耳罐，齐家文化便由此地而得名。

1975年，甘肃省文物考古队发掘齐家坪遗址，出土物除陶器和石器外，还有铜刀、铜锥、铜斧、铜镜和玉璧、玉琮等器物。我国最早的铜镜即出自齐家坪，齐家坪遗址由此广为中外考古界所知。

辛店寺洼沙井古文化

辛店文化是陇右西部地区一支重要的文化遗存，属于甘肃和青海所发现的青铜器时代文化，其早期遗存与齐家晚期遗存有明显的继承发展关系，同时，辛店彩陶也接受了很多马厂类型彩陶的文化因素。

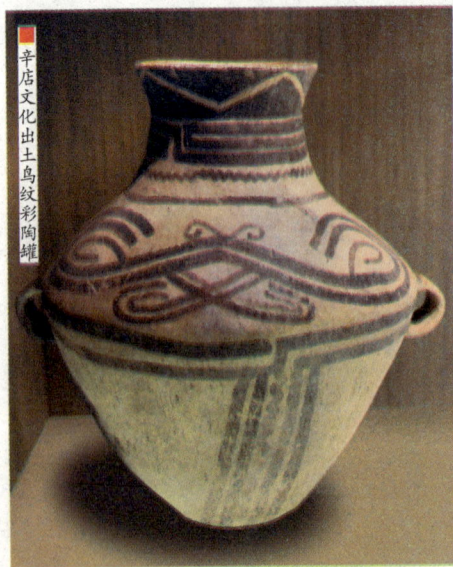

辛店文化出土鸟纹彩陶罐

辛店文化中，最早的青海民和山家头类型彩陶较少，主要分布于黄河、洮河、湟水的交汇地带，向东可达渭河中上游，时间距今约3400年。

姬家川类型，即典型的辛店遗存，彩陶比例增大，主要分布于洮河、湟水以及黄河沿岸，分布面偏西，时代距今约为3400年。

张家嘴类遗存，包括唐汪

式陶器，分布区域更为偏西，已达湟水中上游一带，彩陶纹饰更为多样化，时代约为距今3100年。整个辛店文化从商代一直延续至西周晚期。

辛店陶器以夹砂红褐陶为主，掺有石英砂、碎陶末、蚌壳末和云母片等。陶质粗糙、疏松，火候较低，器表多磨光，有的施红色或白色陶衣。器型以罐为主，此外，还有鬲、盆、杯、鼎、豆、盘等。

彩陶的数量较多，彩与陶胎结合不紧密，易脱落。多圆状凹底器，主要器型有罐、盆、鬲、盘、钵、杯。纹饰别具一格，笔触粗犷，以双钩纹、曲线纹、太阳纹、三角纹为主，还有少量的动物纹——犬纹、羊纹、鹿纹、蜥蜴纹等，反映了畜牧生活的特色。

辛店陶器中有一个太阳纹罐高23.8厘米，口径11.8厘米，底径7厘米。夹砂土黄陶。在白色陶衣上施黑、红彩，颈部在红色宽带纹上绘复道三角纹和平行线纹、菱形纹，上腹部绘红底黑线双钩纹、太阳纹和花草纹，下腹部绘竖线纹和"S"形纹。图案繁缛，散发着草原生活的气息。

辛店文化的聚落遗址多位于河谷两岸的台地上。房屋形制较单一，多为长方形半地穴式建筑，门道

文明萌芽

古老历史

■ 辛店文化出土的鹿纹彩陶瓮

豆 是先秦时期的和种食器和礼器，形状像高脚盘，流行于春秋战国时期，开始时用于盛放黍、稷等谷物，后用于盛放腌菜、肉酱等调味品。

太阳纹 是古代铜鼓纹饰之一。形似太阳，居于鼓面中心，是铜鼓中最早出现和最基本的纹饰，几乎在每个铜鼓上都有。后有三种说法，一是火的象征；二是星纹；三是象征对太阳的崇拜和信仰。

设在西边，呈斜坡状，在居住面中间有一圆形灶。

辛店经济生活以农业为主，畜牧业也占据重要地位。铸铜业有较大发展。当时的工具以石器为主，常见的有斧、铲、刀、锛、杵、臼、研磨器和石磨盘等工具。

其中石斧的种类较多，可分为梯式、长方形和带肩式几种；石铲形体较大，而且刃部较宽；石刀呈长方形或椭圆形，在刃部两旁各打一小缺口，它与远古时期那种两侧带缺口的石刀有明显区别。

骨制的生产工具也发现不少，但主要是铲和凿，骨铲多用动物的肩胛骨或下颚骨制成，坚固耐用，刃部锋利，是一种既易制作又较实用的劳动效能很高的农业生产工具。

石臼、杵和磨盘等在遗址中普遍发现，表明居民对粮食有了比较精细的加工，也是农业生产取得较大进展的反映。在农业经济的基础上，畜牧业发展很明显。牛、羊、狗、猪、马等都已被驯养，其中以羊的数量最多。狩猎的主要收获物包括鹿、鼠一类的动物。

辛店文化的冶铜工艺水平已远远超过青铜文化初期的齐家文化。铜制品已不限于小型的工具，而且已能铸造青铜容器了。小型铜器在

辛店文化出土的青铜匕首

辛店文化遗址出土的彩陶瓮

各遗址有普遍发现，其中包括锥、刀、匕、扣、铃、泡、珠、削、凿等。

制骨业和玉石器加工技术都比较进步。骨器除制造出生产工具外，还发现了雕刻出 4 至 8 齿的骨梳与雕花的骨牌。许多墓葬都随葬着装饰品，如玛瑙珠、绿松石饰、骨管和小铜泡等，工艺水平都很高。

辛店文化的墓葬，形制主要是长方形竖穴土坑墓，还有长方形竖穴偏洞墓和近似椭圆形或三角形的不规则形墓。葬式多样，有仰身直肢葬、屈肢葬、侧身直肢葬、俯身葬、二次葬等。

随葬品以陶器为主，还有铜器、装饰品等。辛店文化还流行随葬动物的习俗，有牛、羊等，但不是完整地随葬，而是动物躯体的某一部分，通常摆放在人的头部上方。

辛店文化遗址有山家头遗址、姬家川遗址、张家嘴遗址等。

山家头遗址位于青海省民和县核桃庄山家头。山家头墓葬形制以长方形竖穴土坑墓为主，墓葬大体都是南北向。葬式有仰身直肢、俯身直肢等。随葬器物有陶器、石器、骨器及装饰品。陶器有双耳罐、无耳罐、单耳罐、盆、钵等，各墓多寡不一，多则5件，少则1件，石器只有石斧一种，骨器有锥、针、管、笄，装饰品有石质的

石磨盘 是古代的一种谷物加工工具，通常是用整块的砂岩石磨制而成的。磨盘为履底形，正面坦平，底部凿有四矮柱足。与其配套使用的是石磨棒，磨棒近圆柱体，中间略细，两端略粗。我国先民就是用这两种工具来研磨谷物的。

■ 山家头出土的彩陶罐

串珠，铜质的牌、泡等。

山家头墓地墓葬数量不多，但其既有齐家文化的内涵，又有辛店文化姬家川类型的成分以及卡约文化的某些因素。

姬家川遗址位于甘肃省永靖县白塔乡姬家川东黄河西岸的台地上，面积约10000平方米。遗址中有一处半地穴式的长方形有着辛店文化特征的建筑。陶器数量较多，个性特征明显。器形以凹底器为主，三足器、圆底器次之，平底器较少，还有少量的马鞍口双耳罐。

张家嘴遗址位于甘肃永靖县西南20千米的莲花城北，遗址处在黄河南岸，面积约20000平方米。张家嘴遗址陶器以夹砂红陶为主，多平底器，有圈足器、三足器和圆底器，未见凹底器。器型丰富，以高领双耳罐、折腹盆、矮足双耳罐为主，还有三足鬲、豆等。

寺洼文化因初现于甘肃省临洮寺洼山而得名。主要分布在兰州以东的甘肃省境内，并扩及陕西省千水、泾水流域，遍及整个陇右地区。寺洼遗址内除寺洼文化外，还有丰富的

张家嘴出土的羊角纹罐

马家窑文化遗存。寺洼文化晚于马家窑文化，其年代大约在公元前1000年。

寺洼文化的器形，以罐最多，罐器都是灰砂粗陶，表面磨光，颈部都有对称的双耳，高肩，深腹下杀，马鞍形口沿，表面多为红褐色，面有褐色斑点，一般无纹饰，有的仅在耳和颈部有附加的泥条堆纹做曲线状或指压纹。

■ 寺洼文化出土的马鞍口双肩耳罐

在寺洼文化陶器中，鬲、鼎较少，但鬲却侈口，素面，短腿窄裆，乳状空足，颈和腹部有时附有泥条堆纹。鼎，形小，鼓身浅腹，柱状小腿，都是泥质红陶。还有长颈圆腹双耳壶。

三足形小罐和单耳杯、彩陶罐，形制酷似辛店陶罐，底微凹入，侈口鼓肩，肩在腹适中处，肩附双耳，彩绘黑色，口沿处有条纹和曲线纹，肩部有交错的三角形带纹，腹部横以二平行线。从器形和纹饰上来看，两者都具有辛店文化的特征。

另外，在纹饰上，寺洼文化陶器上不仅饰以"一"字、"人"字纹，而且还刻有众多的符号和字形，可能是汉字的前文字形态。

寺洼文化陶器中有一双钩纹单耳鬲十分精美。高9.5厘米，口径10.5厘米。夹砂土黄陶。施黑彩。口沿

卡约文化 是我国西北地区的青铜时代文化。因发现于青海省湟中卡约村而得名。主要分布在甘肃境内黄河沿岸及其支流湟水流域。居民以从事农业为主。工具多为石器，有斧、刀、锤等，但也有铜质的镰、刀、斧、锥和镞。

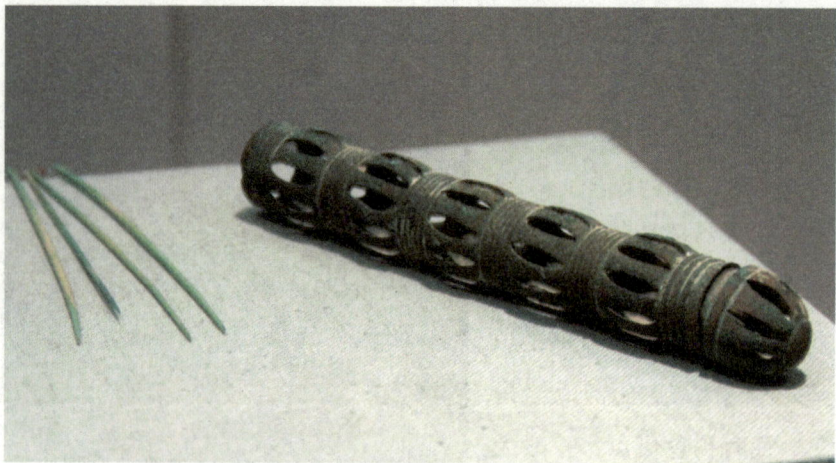

■ 沙井文化竹节状
铜针筒

鸟纹 是青铜器
上的装饰纹样之
一。鸟长翎垂尾
或长尾上卷，做
前视或回首状。
在青铜器上大多
作对称排列。殷
墟时期已有鸟纹
作为主要纹饰。
西周早期起鸟纹
大量出现，直至
春秋时期。商代
鸟纹多短尾，西
周鸟纹多长尾
高冠。

外绘平行带纹，三袋足上部绘双钩纹，下部绘折带
纹，内侧绘十字纹。

《括地志》中记载"陇右、岷、洮以西，羌
也"。《后汉书·西羌传》中记载："河关之西南羌地
是也。"

河关之西南包括兰州西南部及青海东部地区，即
黄河上游的洮河、大夏河、湟水流域。这些地区恰好
是辛店文化、寺洼文化分布最密集的地区。

辛店文化彩陶年代为公元前1400年至公元前700
年。这一时期正是古代羌人在黄河上游活动最重要的
时期。

古代羌人的经济生活以畜牧和狩猎为主，羌人即
为游牧人，从寺洼文化遗存中发现的陶罐罐口均为马
鞍形，这说明辛店文化和寺洼文化极有可能属于羌文
化遗存。

沙井文化是我国青铜时代末期的一种文化，首现于
甘肃民勤沙井。其中心区域在腾格里沙漠的西部、西南

部边缘地带，向东南部延伸可抵达永登、兰州附近。距今约2500年。

沙井文化器物丰富，有彩陶、石器、铜器和铁器等。陶器以夹砂红褐陶为主，陶质较粗糙，均为手制，器型较小，多单耳罐、筒状杯和双肩耳圆底罐。彩陶以紫红色绘制图案，纹饰有三角纹、菱形纹、网纹、鸟纹等，纹饰多饰于器物的颈部和肩部，下部基本不予绘彩。

目前，沙井文化遗址有3处，即柳湖墩遗址、火石滩遗址和小井子滩址。

柳湖墩遗址位于民勤县城西南16千米的沙漠中。器形以单耳、双耳圆底罐和圆形鼓腹筒状杯较为典型，并有单耳平底器和陶鬲等，其纹饰以绳纹居多，布纹、篦纹等次之，伴有彩绘的宽窄条纹、垂直三角纹、菱形纹、折线纹及鸟形纹等。

火石滩遗址位于民勤县北西渠镇大坝村东，其文化器物与柳湖墩文化器物相同。

小井子滩遗址位于泉山镇团结村西北约2.5千米的沙漠中，器物有夹砂红陶片和部分石器残片、双孔石刀等。

沙井文化的彩陶中有一三角纹圆底双耳罐高15.4厘米，口径8.2厘米。夹细砂黄陶。施红彩，口沿绘有平行线纹、菱形纹；颈部绘有倒三角纹、菱形纹；肩部绘有三角网纹；耳部绘有三角网纹；腹部绘有菱形纹和细长倒三角纹。

沙井文化鸟纹彩陶壶

辛店文化鸟纹双耳罐

沙井文化的彩陶构图多分层排列，各层之间用平行线分隔，这样使图案繁而不乱。这些富有特色的器形和纹样，反映了草原游牧民族的生活文化。

还有一个倒三角圆底双耳罐高24厘米，口径宽13.7厘米，腹径宽31厘米。夹细砂橙黄陶，高颈，双大耳，椭圆形腹，施红彩，颈、肩、腹和耳部绘三层细长倒三角纹和鸟纹。此罐属于沙井文化典型器物，反映了游牧民族的文化特色，同时也是一件难得的艺术精品。

沙井文化不仅是甘肃省，也是我国年代最晚含有彩陶的古文化，具有一定欣赏和研究价值。

阅读链接

1924年4月，瑞典考古学家安特生及其助手从兰州出发沿洮河逆流而上，开始了甘肃境内的首次考古调查。

他们发现的第一个古文化遗址是位于洮河东岸的临洮县辛甸遗址。随后，他们在此地及周围地区做了一系列的发掘和调查工作，并在辛甸发掘了25座墓葬，清理了20座墓葬。相继在辛甸村以北的灰嘴岔遗址，也发现了同类遗物。其陶器大多为圆底，主体纹饰为双勾纹。

后来，安特生便以首次发现地命名。出土地本名为辛甸，但因翻译有误，正式出版物的中文译为辛店，之后按约定俗成的原则再未更正，此后便一直称为"辛店文化"。

文明交汇

在陇右地区畜牧文化兴起之后，周人兴起陇东，秦代人崛起天水，以农牧并举、华戎交会为特征的周秦文化兴盛起来，这奠定了自先秦至隋唐陇右地域文化的基本形态。

陇右地区是我国古代丝绸之路的必经之地，因而成为中西文化交流碰撞、融合荟萃的舞台和扩散传播的桥梁。这也就决定了陇右文化具有开放、兼容的优势和极强的渗透性与包容性。

长期的文化融合与多民族交错杂居，使陇右文化兼具汉文化与少数民族文化之长。

丝绸之路创造文明奇迹

　　丝绸之路是起始于西安连接亚洲、非洲和欧洲的古代路上商业贸易路线。它跨越陇山山脉，穿过河西走廊，通过玉门关和阳关，抵达新疆，沿绿洲和帕米尔高原经中亚、西亚和北非，最终抵达非洲和欧洲。

　　丝绸之路是一条东方与西方之间经济、政治、文化进行交流的主

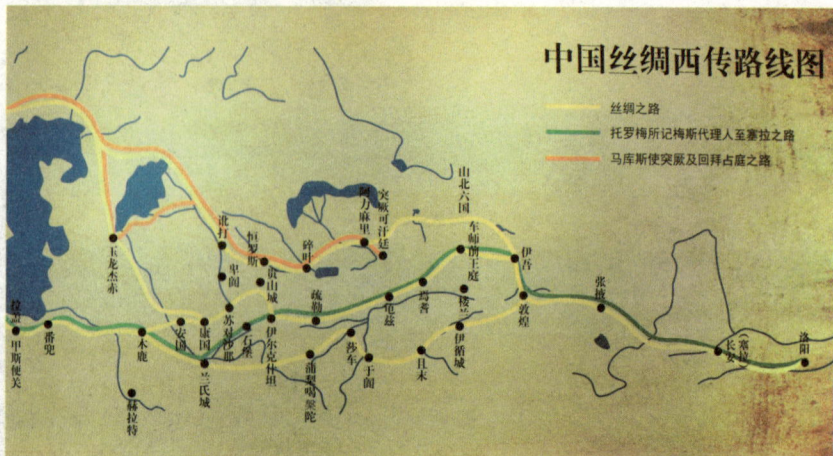

中国丝绸西传路线图

要道路。它的最初作用是运输我国古代出产的丝绸。因此，将之命名为"丝绸之路"。

　　丝绸之路是从西安至甘肃中部，主要有北、南两道。北道由西安向西北，经彬县、泾川、平凉至固原，从固原向西，越过陇山北段至祖厉河畔，经会宁县北郭城驿抵黄河东岸靖远，渡黄河西进到武威。

　　北道是最短的一条线路，也是古代长期连接关中和陇右的重要通道。

　　南道形成于春秋时期，战国晚期至西汉初年获得初步发展。

　　南道由西安沿着渭水而上，在宝鸡西再沿着千水西北上，经陇县，越过陇山至张家川，从张家川至通渭，向西经定西、榆中，从兰州渡黄河，过乌鞘岭进入河西走廊。

　　也可从张家川至天水，经过陇西、甘谷、临洮、广河、临夏至黄河南岸，在永靖炳灵寺附近渡过黄

渭水　古代称之为"渭水"，是黄河的最大支流，发源于甘肃省定西渭源县鸟鼠山，主要流经陕西省关中平原的宝鸡、咸阳、西安、渭南等地，至渭南市潼关县汇入黄河。

玉门关　位于敦煌郡龙勒县境内，曾是汉代时期重要的军事关隘和丝路交通要道。玉门关始置于汉武帝开通西域道路、设置河西四郡之时，因西域输入玉石时取道于此而得名。

瑰丽初显

文明交汇

■ 吐蕃丝绸之路遗址

河，经乐都、西宁，过扁都口至张掖。或可从临洮北上，越马衔山至榆中、兰州。

相对北道来说，南道线路稍长，但沿途人烟稠密，寄养方便，长期为重要商旅之道和运兵之道。

我国最早的历史文献《尚书·禹贡》记载了丝绸之路由青海东南经甘肃东南入关中的交通路线走向："西倾、朱圉、鸟鼠，至于太华。"

西倾山在青海东南；鸟鼠山在甘肃渭源，为渭河源头；朱圉山在甘肃甘谷县渭河南岸；太华，即陕西华山，在渭河下游南岸。这些山处于由青海东部、甘肃东南部的渭河上游入关中地区的交通线上。

《尚书·禹贡》又记载："织皮昆仑、析支、搜渠，西戎即叙"。析支又叫"赐支河"，指青海海南藏族自治州境内黄河由南折东流的一段，秦献公用兵渭河上游时，无弋爱剑曾孙忍的叔父卬"畏秦之威，将其种人附落而南，出赐支河数千里，与众羌绝远，不复交通"。

搜渠为山名，在兰州以西。昆仑山、析支、搜渠地区的织皮，大约就是由青海经甘肃东部的渭河上游到达关中、中原的。

丝绸之路从北、南两道过黄河后，都向一个方向靠拢，在河西走廊的武威、张掖会合后，西行至敦煌、玉门关、阳关。然后出玉门关、阳关进入了广大的西域地区。

丝绸之路沿途，横亘张家川和陕西陇县之间有条关陇古道。关陇古道长约100千米，海拔2千米左右，道宽3米，有的路段由石板铺成，有的路段为乱石所埋；路两边为古树，杂草茂盛，是丝绸之路南大道从西安入甘肃的必经之道。

关陇古道是丝绸之路上筑路水平最高、延续时间最长、保存最完整的古道。先秦时，由西戎各民族开辟，汉至唐宋时期，直至元代，一直是关中通往陇上的交通枢纽，为陇右要冲、关中屏障、军防重地，而

■ 丝绸之路雕刻

且也是中西贸易、民族往来的大通道。

据史料记载，汉代初期，西北疆界没有超过黄河。为了打通西方商路，汉武帝派人两次探险，其中一次是翻越陇坂，通过对沿途地理和北边敌情的了解，最后选定关陇道为西进首选路线。

为了确保这条路线的畅通，汉武帝在沿线设置天水郡及平襄等县。沿途"五里一燧，十里一墩，三十里一堡，百里一寨"，"驿马三十里一置"，交通便利。隋炀帝积极拓边时，关陇道又一次得到大规模的拓建，达到了通过御驾的标准。

丝绸之路是人类文明史上的一个大奇迹，它是一条贯通亚欧大陆的国际性贸易商道。丝绸之路推动了东西各国、各地区之间的经济贸易，大大促进了东西方生产力的提高和经济繁荣。

临夏与青海河湟地区相邻，在历史上一直是陇右西出河湟的必经之地。因此，临夏乃至甘肃东南部战国晚期至西汉初期的希腊铭文铜、铅饼，可能是由北

■ 丝绸之路沙雕

方草原之路经河湟地区流入的。

《史记·货殖列传》中记载："天水、陇西、北地、上郡与关中同俗，然西有羌中之利，北有戎翟之畜，畜牧为天下饶。"

汉代羌中是指祁连山以南，金城以西，婼羌以东地区；天水、陇西是指今甘肃省黄河以东、陇山以西地区。公元前3世纪末，我国内地和西域的联系主要是通过甘肃东部和青海河湟地区进行的。

丝绸之路另一项重要贡献是增强了中原内地与西北边疆的联系和交往，促进了汉族与西北地区各少数民族以及西北地区各少数民族之间的联系，增进了民族的交流和融合。

丝绸之路文物唐彩绘胡人文官俑

阅读链接

在公元前1900年至公元前500年的1000余年中，由河西走廊经甘肃中东部和青海东部、内蒙古中东部至辽宁西部，原始农业经济依次被半农半牧经济或畜牧经济取代。

畜牧业经济的发展使甘青地区的古代部族的流动性日趋增加，与欧亚草原的联系日益加强，并使其最终成为草原之路南道的一部分。

因此，由原始农业经济向畜牧经济的转型，是草原丝绸之路形成的重要条件。而大规模的畜牧经济的形成，必须以马的驯化、马具的发明与使用为前提。至此，甘肃地区养马业才会日趋成熟。

长城文化和"茶马互市"

陇右大地不仅是长城遗址最多的地区之一，而且是秦汉明代长城最西的起始地。其长城遗址主要为甘肃省、宁夏回族自治区。

甘肃省境内的秦长城自公元前306年便开始修筑。秦长城的起点在甘肃省临洮县城北的洮河边上，沿临洮县城东的东峪沟北面的山梁，

汉长城遗址

秦长城遗址

逶迤东南，经过长城巷、长城岭、长城坡，进入渭源县的庆坪地区。

翻过关山，经渭源县城北5千米唐家河北山，折入陇西县境内，过德兴乡长城梁，转东南，进入通渭县的四罗坪。在通渭县由西南向东北穿越县境80千米，进入静宁县境内，再折向北，便进入宁夏地区的西吉县。

秦长城自宁夏进入甘肃镇原县后，又折向北去。穿过镇原县西北角，进入环县，至环县城北1千米的城子岗，继续向东北而行，至显神庙岭进入华池县，由铁角城堡穿过安川河，抵达陕甘两地区交界处的箭杆岭。

在甘肃省一侧向东南偏，过边城梁，进入陕西省吴旗县境。

秦长城在今甘肃省境内，从临洮起，经渭源、陇西、通渭、静宁、镇原、环县、华池等8县，全长1000千米以上。这段长城以夯土版筑而成，基宽五六米。

秦代修筑这条长城的目的是保护西部的重镇陇西郡治和秦都通往陇西的通道。

汉王朝建立后，为防御北方匈奴等游牧民族南侵，一方面大规模修缮秦旧塞；另一方面又将长城沿河西走廊延伸，形成长达1600余千

明长城遗址

米的安全防线。汉长城有效保卫了这个地区的安全，维护了丝绸之路的畅通。

甘肃省境内的汉长城，没有集中在陇右地区，而是主要集中在河西地区，大体以酒泉和敦煌为界，分为东、中、西三段。

甘肃省境内的明长城，大部分是1522年以后修起来的。明长城的走向，在甘肃省境内有两条。主干线西起嘉峪关，东经高台县石泉子，循黑河穿高台、临泽、张掖三地，至山丹县城后继续东行进入永昌县；穿金川峡，过河西堡，进入民勤县。

再由蔡旗堡折向正南进入武威境内，循洪水河岸南行，至黄羊镇以东进入景泰县，沿黄河向西北进入宁夏地区。

陇右明长城属宁夏镇、固原镇、甘肃镇防守，大约有1000余千米，多为夯土版筑，高约为10米。

成纪古城是陇右地区长城沿线的重要遗址。位置在静宁县城南50千米的刘家河村的川河台地上。成纪古城曾经是战国秦北方防御线上的重要屏障，又是古丝绸之路甘肃南路的重镇，城址东南约30千米处是著名的大地湾遗址，北面30千米左右有战国秦长城。

2000多年前，这里自然植被良好，土质肥沃，气候适宜，雨量充足，水源丰富，农业和手工业发展较为繁荣。

西汉时期初设成纪县，县治即在成纪古城，此后历东汉时期、魏晋时期、隋代至唐代初期800余年，成纪县治一直未有大的迁移。

734年，成纪县移治敬亲川。1067年，又在故城遗址上置治平寨，金代升为县，并置得胜州于此。后沦为废墟。

成纪古城东西长600米，南北宽560米，总面积33.6万平方米，规模宏大。

在明代初期，因红山嘴滑坡，使城西南深沟阻塞，河水改道南流入城内。城址的西北和东北边，有长约300米的城墙，夯土层厚0.14米至0.17米。

城址内及道旁、地埂上，残留大量的秦汉时期的板瓦、筒瓦、回纹铺地砖、瓦当、鸱吻等器物残件，以及唐宋时期的陶瓷残片等。

地面残留筒瓦长0.44米，直径0.15米；板瓦长0.55米，宽0.44米。瓦当饰有云纹、葵花纹、草叶纹及"长乐未央""大禾美帛"等字迹，

明长城遗址

以云纹瓦当最多。

此外，在古城址南、北两处还分布大面积的秦汉时期墓葬群。

成纪古城自汉代初期至盛唐时期，一直为成纪县治所在地。但其本身拥有的文化遗存，可以上溯至新石器时期，下延至宋金时代。

古城址压在新石器时期仰韶文化和青铜器时期文化遗址之上，在城北和东南塌陷的断面上，有5口相似的筒形水井，深16米，井中垫土内有秦汉时期的筒瓦、瓦当和和丝绸之路的开通，中原农业经济与少数民族边地经济相融等器物残片。

随着长城的修筑和丝绸之路的开通，中原农业经济与少数民族边地经济互相融合、互相促进，少数民族与汉族之间的贸易往来日益繁荣，各地区间，以种种形式进行经济交流活动。

在不同时期，这种以互通有无为主要目的的贸易活动，称作"关市""边市""马市""榷场""茶市""茶马互市"等。

其中"茶马互市"是西部与北部从事畜牧业经济的少数民族，用马匹等牲畜及畜产品与内地换取茶叶、布帛、铁器等生产、生活必需品的比较集中的大规模集市性贸易活动，这种贸易活动在民族贸易史上

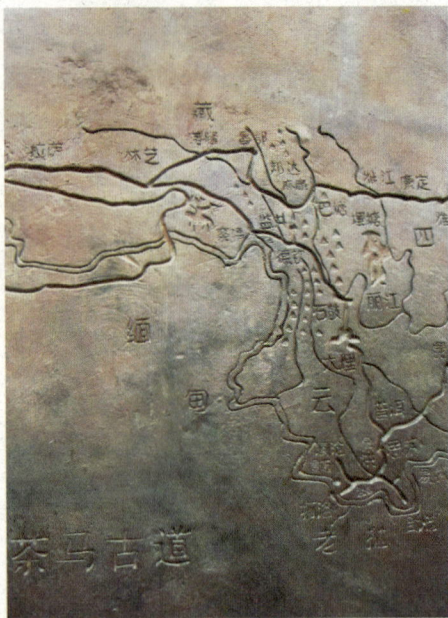

■ 茶马古道路线图

瓦当 是屋檐最前端瓦面上常带有花纹垂挂圆形的挡片。瓦当的图案设计优美，字体行云流水，极富有变化，主要有云头纹、几何形纹、饕餮纹、文字纹、动物纹等，是精致的艺术品。

有十分重要的地位。

陇右地区是多民族聚居地区。从自然地理的角度上说，这里是农、牧业地区交错的地带，也是少数民族和汉族交错的地带，这里有肥沃的土地，辽阔的草原，农牧业很发达。

从历史的角度来看，这里又往往是少数民族地方政权与中央王朝的分界处。所以，陇右地区在各个民族之间的贸易交往中具有得天独厚的便利条件，历代的互市地点有许多就设在此处，而茶马互市就是其中一种。

茶马互市的雏形大约源于5世纪南北朝时期。在唐代逐渐形成规则，于宋代进一步完善，甚至设置了"检举茶监司"这样的专门管理茶马交易的机构。

北宋时期，茶马互市活动在陇右地区大规模开展起来，宋代初期，陇右地区茶马互市的主要地点是固原、平凉、静宁、天水等地。后来，转移到临洮、临

云纹瓦当 西汉瓦当中数量最大的一类。其花纹特征是：当面中心多为圆钮，或饰以三角、菱形、分格形网纹、乳钉纹、叶纹、花瓣纹等。云纹占据当面中央大面积的主要部位，花纹变化十分复杂多样。

筒瓦 战国建筑材料，主要用于大型庙宇、宫殿的窨瓦片，制作时为筒装，成坯为半，经烧制成瓦。一般以黏土为材料。

瑰丽初显

文明交汇

■ 茶马古道遗址

夏、临潭、岷县等地。

至南宋时期，茶马互市的机构，相对固定为四川五场、甘肃三场8个地方。四川五场主要用于西南少数民族交易，甘肃三场均用于西北少数民族交易。元代不缺马匹，因而边茶主要以银两和土货交易。

陇右地区湟源县自古以来就是汉藏通商的"口岸"，它是古代汉地西面最边缘的地区，西邻西藏，是一处著名的"茶马互市"。

明代基本上沿袭了宋代的做法，在交易的地方设置"茶马司"。茶马司的职责是："掌榷茶之利，以佐邦用；凡市马于四夷，率以茶易之。"简单来说，就是管理茶马交换事宜。

1371年明代朝廷设置的茶马司于天水、洮州、河州、雅州等地。由于茶是边疆少数民族生活的必需品，因此明代朝廷严格控制茶叶的生产和运销，并严禁私贩。以茶易马，在满足朝廷军事需求的同时，也以此作为加强控制少数民族的重要手段和巩固边防、安定少数民族地区的统治策略。

后来随着内地与边疆少数民族地区经济交流的发展，民间往往突破明代朝廷的禁令进行贸易。

清代茶马政策是明代茶马政策的延续。在清代乾隆时期以后，

茶马古道马帮雕塑

"茶马互市"作为一种重要制度逐渐淡出，取而代之的是"边茶贸易"制度。由于交通和经济的发展以及汉藏交流的增加，进入茶马古道沿线的商品种类大幅增加。

藏族对茶叶的需求有增无减，同时对其他产品如丝绸、布料、铁器以及生产生活资料等商品的需求也开始增加，而内地对藏区的皮革、黄金以及虫草、贝母等珍贵药材有更大需求。这样，汉藏之间的贸易范围更加广泛，"茶马古道"沿线的民间贸易更加繁荣。

历史上茶马互市对内地与边疆、长城内外，汉族与少数民族交流，起到了积极作用，促进了民族的团结，维护了国家的统一。

阅读链接

成纪是陇右地区最早见于史籍的地名，它来源于我国古代"人文始祖"伏羲的传说。

伏羲孕12载而生，古人称12年为一纪，所以伏羲的出生地就被称为"成纪"。意思是"成一纪之元"的意思。

成纪在战国时期便设县，秦代统一时属于陇西郡，县址大约在秦安县叶堡川。历史上，成纪几经变迁，但都在陇右地区辖内。唐代时将成纪县迁移到天水秦州区，并成为秦州的州治。北宋时期州治迁到上邽县，称"秦州"。

极富特色的板屋建筑

"板屋"又称"版屋"，是一种以木板为主要材料建造的房屋。最早发明、建造和使用板屋的，是我国西北古老的民族西戎族。

秦代人居天水，也广泛使用板屋，《诗经·秦风·小戎》篇中，

板屋

就有"在其板屋，乱我心曲"的诗句。叙述的是陇右的一位女子在板屋里思念夫君的情景。

《毛传》中记载："西戎板屋"。《毛诗正义》又有"秦之西垂，民亦板屋"的记载。

以板为屋，为我国古代西北地区少数民族习俗。这种板屋一经出现，就以其独特的魅力盛行于西戎与秦代人的居住地，并成为人们歌咏赞美的对象。

■ 森林中的板屋

板屋在陇右地区能够盛行开来有一定的历史和地理原因。陇右天水一带长期地广人稀，多民族交错分布；气候较内地比较干燥，地势高亢。板屋民居易于修建，既省力，又经久耐用，特别是古代陇右植被良好，森林广布，"材木自出，致之甚易"。

尤其渭水与洮河流域曾长期是"良材大木"的产区，丰富的林木资源为板屋民居提供了充足的材料保障。所以，西戎时期人与秦代人在陇右与森林打交道的过程中，以板为室屋就成为他们因地制宜、就地取材和趋利避害的必然选择。

板屋开发利用历史悠久。商周以来，西戎在陇古一带长期适应、改造和利用自然的过程中，就立足当

《毛传》又叫《毛诗》，是《诗经》的《毛传》。西汉初期，传授诗经的主要有4家，一是鲁国人申公；一是齐国人辕固；一是燕国人韩婴；另外一家是大毛公毛亨、小毛公毛苌所传。现存的《毛诗》每篇都有一个题解。它对后人的影响非常大。古人做诗、写文章用典都爱借用里面的解释。

氐族 是我国历史上一个重要的民族。从先秦时期至南北朝时期，氐族分布甘肃、陕西、四川等地的交界处，集中于陇南地区。魏晋时期，以氐族为主，先后建立过仇池、前秦、后凉等政权，对当时的历史有重大影响。南北朝以后，氐族逐渐融于汉族等民族中。

地丰富的森林资源，发挥聪明才智，发明了这种以板筑屋的奇特建筑形式，逐渐形成了以板屋民居为标志的民俗文化。

板屋的出现，标志着西戎各部逐步告别穴居和茹毛饮血的游牧射猎生活。这不仅对西戎部族自身的社会进化发挥了积极作用，而且也为陇右一带其他民族居民提供一种可供选择、经济实用的房屋建筑形式。

随着秦代人进入天水地区，板屋民俗不仅为秦代人所接受，而且经秦代人的传播和影响，这一民俗在陇右地区盛行开来，并且经久不衰。

据史料记载：

天水、陇西山多林木，民以板为室屋。
及安定、北地、上郡、西河，皆迫近戎狄，
修习战备，高上气力，以射猎为先。

■ 古老的板屋

■ 魏晋墓室壁画议事图

至魏晋北朝时期，陇右的板屋民俗达到鼎盛时期，天水一带出现了"其乡居悉以板盖屋"的景象。

西晋时期文学家左思在脍炙人口的《三都赋》中，也留下了"见其在板屋，则知秦野西戎之宅"的千古名句。可见，板屋民居经秦代人的推广和使用，已成为陇右一带各族居民长期盛行的居住形式。

板屋与普通的砖木或土木结构的房屋大不一样。西戎及秦代人所居住的板屋，因年代久远和史料的欠缺，其式样结构已无法确知。

据《南齐书》中记载："氐族板屋，氐于上平地立宫室果园仓库，无贵贱皆为板屋土墙，所治处名洛谷。"由此可知，所谓板屋，实际上是天水这一历史上曾盛产良材大木的地势高亢而气候寒燥的陇右之地普遍的民居房屋样式：用夯土筑墙，木板覆顶，不要砖瓦。

历史上氐族人居住的板屋，是一种新颖别致的建筑。"氐于上平地立宫室果园仓库，无贵贱，皆

戎狄 是先秦时期对我国北方、西北等地少数民族的统称。春秋时期的居民中有华夏和西戎、北狄、南蛮、东夷民族的区分。古代南方是蛮；东边是夷；西边叫戎；北边叫狄。其中戎和狄民族主要分布在黄河流域或更北和西北地区。

为板屋土墙。"说明这种板屋民居的最大特点，就是屋顶皆用木板建造和覆盖，而不用砖瓦泥土。而且，板屋基址的选择、建筑设计、室内结构与功能的划分等，都有非常特别的地方，因而，有着旺盛的生命力。

唐宋时期，陇右森林日渐减少，但是板屋民居仍随处可见。

明代何景明《陇右行送徐少参》诗中说秦安一带有板屋，"瓦亭之西半山谷，土室阴阴连板屋。"

清代人杨应琚《据鞍录》中记载渭源县"城内居民仅数百家，盖屋皆以乱石压木片，仅蔽风雨，板屋之故俗也。"

明清时期，板屋民俗还传入藏族人生活的甘南一带，"当地藏民板屋，分上下两层"，"高楼暖炕与汉无异，但多居楼下，而楼之上则堆积柴草焉。"

长期盛行的板屋民居，在不同时代，不同地区，并无固定的结构和式样，只是有其标志性特征，那就是屋顶以木板筑成。

塞外江南

陇右文化特色与形态

阅读链接

清代晚期，板屋已向西退至陇西渭源一带，那时"城内居民仅数百家，盖屋皆以乱石压木片，仅蔽风雨，板屋之故俗也。"板屋逐渐淡出，取而代之的是瓦屋。板屋虽然淡出了，但并不是完全消失，在一些森林缘区还可以见到。

板屋虽然淡出人们的视野，但是《诗经·秦风·小戎》中"在其板屋，乱我心曲"的诗句却永远地让人们铭记这一极富民俗特色的建筑形式。这首诗歌使板屋成了陇右地区的一个文化符号，甚至成了先秦爱情的一个注释。

世界上最早地图的产生

　　放马滩地图是甘肃省天水麦积山放马滩战国秦汉时期墓群中出土的古地图，是我国和世界上已知最早的地图。

　　放马滩地图共有8幅，其中7幅地图分别绘制在4块木板上，被称为

■ 麦积山石窟

■ 麦积山石窟壁画

塞外江南

陇右文化特色与形态

放马滩 又名牧马滩，是甘肃天水麦积山风景区的一部分，因传说秦始皇先祖嬴非子在此为周王室牧马而得名。由于这里曾出土战国秦汉时期的木板地图、竹简、纸地图等重要文物，而被当时的考古学家誉为先秦考古文化的圣地，有"天水放马滩，云梦睡虎地"之称。

"放马滩地图"。此外，还有一幅地图画在纸上，是最早画在纸上的地图。

放马滩木板地图线条字迹清晰，脉络清楚。其纸薄而软，最大不规则碎片长5.6厘米，宽2.6厘米。它的纸面平整光滑，采用细黑红条绘制山、河流、道路等图形。此后这种纸被称为"放马滩纸"。

放马滩木板地图内容是战国晚期秦国所属邦县的政区。它是地形图和经济图。

地图的特点是：按一定方位绘制，在不少地方都有注记。图上对河流流向自上游至下有顺序注记。有3幅图所画分水岭是山系而不是孤立的山峰。有3幅图注明了森林的分布和树木的种类。

我国古代绘制地图和使用地图的历史十分悠久，传说中的"龙马负图""史皇作图"以及大禹"铸九鼎，象九州"，都间接地反映了上古地图产生的有关信息。

至迟在西周初年，有关军事地图、土地之图和城建规划图等地图已经在实际使用之中。放马滩地图的绘制是在继承前代绘图技术的基础上，将我国古代地图图式体例发展到新阶段的代表作。

天水放马滩地图各有侧重，地图中有的以政区为主，有的以水系为主，有的主要标示物产等事物。各幅地图既相互独立，又有密切的内在联系，如一幅图是主图，一幅图则是主图局部的扩大图，但又独立成图。

在地图注记类型上，文字注记包括表现内容和读图方向；符号注记则有线形、几何图形、象形和示意等4个类别，将城邑、居民点、水系、山脉、交通道路、关隘、伐木点、特殊建筑物等丰富地理事物合理而恰当地遍布于地图之上。

居民点、地形、水系、交通道路等要素是地图形式的基本要素，放马滩地图不仅完全具备，而且其标示形式也大多为后代所沿用，即使对一些特殊物体的示意符号，也几乎同后来所使用的表示符号如出一辙。

放马滩地图注记体例所具有的基本特征，在后来的地图中均得以继承和完善。后来的地图注记的图式符号尽管五花八门，但总体分为三大类型：文字、符号和色彩。

九鼎 就是指9座青铜鼎。夏代初期，夏王大禹划分天下为九州，令九州贡献青铜，铸造九鼎，并且将全国九州的名山大川、奇异之物镌刻于九鼎之身，以一鼎象征一州，并将九鼎集中于夏王朝都城。逐渐，九州成为华夏的代名词。

■ 麦积山石窟壁画

放马滩地图除色彩一类之外，其余两个类型的注记体例与基本图式，都已经大体具备。放马滩地图注记的图式体例奠定了我国古代地图绘制的基本规范，在我国传统地图绘制中具有承前启后的作用和规范功能。

晋代地图学家裴秀总结前人制图经验，提出"制图六体说"，即分率（比例尺）、准望（方位）、道里（距离）、高下（地势起伏）、方邪（倾斜角度）、迂直（河流道路的曲直）作为绘图6个原则。放马滩木板地图除没有明确的分率外，其余的都具备。

放马滩地图不仅具有明确的绘图思想和原则，而且从注记图式反映出相当先进的绘图技术。

在放马滩地图中，有两幅地图8处注记涉及里程距离；图下方不仅清楚地标明地图的正读方向，而且图中地名涉及方位者也很多；图的交通线沿水系主流直线平行，并在河流弯曲处截弯直行。

这些地理事物与要素在图上得以清楚地反映，表明在战国晚期，我国地图绘制技术已经达到了很高的水平。

麦积山石窟壁画

■ 麦积山石窟壁画

放马滩地图中，有6幅地图均以水系为框架，各种地理事物分别绘注于各水系网络的相应位置，水系框架无疑发挥了类似现代地图经纬网坐标的功能。特别是各地理事物的相对位置和关系，在水系网络的规定下更具准确性，也必然提高了地图的实用价值。

这种绘图技术，在经纬网绘图法产生之前，是最先进和实用的方法，也具有较高的科学性。因此，这种绘图技术是我国古代具有先进绘图技术的标志。

《管子·地图篇》中记载：

凡兵主者，必先审知地图，辄辕之险，滥车之水，名山、通谷、径川、陵陆、丘阜之所在，苴草、林木、蒲苇之所茂，道里之远近，城郭之大小，名邑、废邑、困殖之地，必尽知之，地形之出入相错者，尽藏

《管子》是记述春秋时期齐国政治家、思想家管仲及管仲学派的言行事迹的书籍。共86篇，今实存76篇。包括《经言》9篇，《外言》8篇，《内言》7篇，《短语》17篇，《区言》5篇，《杂篇》10篇，《管子解》4篇，《管子轻重》16篇。

之。然后可以行军袭邑，举措知先后，不失地利，此地图之长也。

这从一个侧面反映出那时的地图内容已经涉及山川河流、险阻关隘、路程远近、植被地貌、居民点、城镇或名邑、废邑等诸多方面。

这些内容在放马滩地图中都得到生动而合理的反映，而且各图所表现的地理事物各有主次和侧重。

如图的注记以居民点等政区地名为主，属于政区图；图有大量木材、药材分布与采伐的注记和交通道路里程的内容，属植物分布图和交通图；两幅图的主体是水系及其名称注记，则属典型的水系图。

放马滩地图又是先秦时期重视河流水文的突出体现。水同人类的关系密不可分，我国古代人民向来注重河流水文与人类社会的关系，从最早的地理学著作《禹贡》至历代正史《地理志》和有关地理总志，都有大量此类资料和人类治水的经验与教训。

在6幅成品地图中，不论何种专题的地图，无一例外均以水系河流为地图框架，辅以主题所反映的文字注记。不仅突出了各地事物的相对位置，而且河流主流与大小支流无不集于图上，这也是当时人们对自然地理现象与事物科学认识水平的体现。

阅读链接

放马滩纸质地图出土时置于死者胸部，因受潮图呈碎块，无法复原。其中绘有图线的最大残块，长5.6厘米，宽2.6厘米。

出土时呈深黄色，逐渐干燥后，褪变为浅灰间黄色，表面有污点，纸面光滑平整，纸质薄软而有韧性，结构紧密，表面有细纤维渣。纤维排列杂乱，碎片边缘起毛，不规整。

制造过程经过切割、捣舂、制浆、沉淀过滤、挤压整平等工序。制纸原料为大麻，属于早期麻纸。从笔迹看，山、水、断崖用软笔绘成，道路则用硬笔所绘。

栩栩如生的陇右石窟

在陇右的黄河、渭河及泾河流域，分布大中、小石窟20余座。

陇右石窟有别于其他地方的石窟。首先，陇右石窟造像多用石胎泥塑、彩绘，并且窟壁上绘满壁画，石窟显得绚丽多彩。

其次，石窟造像逐步摆脱了印式犍陀罗样式的影响，创造了符合中华民族传统的道德观念和审美标准的雕塑艺术，体现了西域色彩和外来风格的转

■ 麦积山石窟远景图

麦积山石窟

型特征。

最后，彻底地世俗化和浓厚的生活情趣是陇右石窟艺术的又一显著特征；造像中的佛、菩萨弟子，从脸形、神情、身段、服饰，都是中国人民的再现。

石窟壁画反映出了北魏、西魏、北周、隋唐等不同时期的艺术风格和时代特征，表现手法和艺术风格都有独创性。

麦积山石窟是陇右石窟的典型代表。其艺术风格、表现手法都足以说明陇右石窟的特色。

麦积山位于甘肃天水东南约35千米处，是秦岭山脉西端小陇山中的一座奇峰，海拔约1.7千米，但山高离地面只有142米，山的形状奇特，孤峰突起，犹如麦垛，因此称之为麦积山。

麦积山周围风景秀丽，山峦上密布着翠柏苍松，野花青草，山峰的西南面为悬崖峭壁，麦积山石窟就开凿在峭壁上，分布于东、西两崖，有的距山基二三十米，有的达七八十米。各窟之间，有凌空架设的栈道相通。

麦积山石窟为甘肃省东南部渭河上游开创历史最久、窟龛数目最多、内容最丰富的石窟，是佛教艺术宝库，是我国四大石窟之一。

麦积山石窟开创于后秦时期，以后多个朝代都有营建。

北魏时期，麦积山石窟已发展成为一个繁荣昌盛的佛教艺术胜地，在多个窟龛中，北朝时期所开凿的数量最多。

北周时期，麦积山石窟的开凿进入了一个新的阶段。秦州大都督李允信为悼念离世的父母，超度他们的亡灵，在麦积山修凿了雄踞东崖最高处、规模最宏大、内容最丰富、建筑结构最精巧的上七佛阁。

隋代时期在麦积山也建造了大量的石窟造像，东、西崖摩崖大佛等是具有代表性的作品。

瑰丽初显

文明交汇

■ 麦积山石窟大气磅礴的局部示意图

■ 麦积山石窟佛像

唐代以后，再也没有在麦积山开凿石窟，绝大多数都是在原有窟龛的基础上，重塑佛像。

麦积山石窟以精美的泥塑见长，绝大部分是泥塑彩妆。麦积山是红土与砂石构成的砾岩，石质结构松散，适宜开窟，不适宜精雕细镂的塑像。这就使麦积山成了以泥塑和石胎泥塑为主要内容的大型石窟。

东崖有54个洞窟，西崖有140个洞窟。这里的泥塑大致可以分为突出墙面的高浮塑，完全离开墙面的圆塑，粘贴在墙面上的模制影塑和壁塑4类。其中数以千计的与真人大小相仿的圆塑，极富生活情趣，是珍品中的珍品。

麦积山的石窟主佛多脉脉含情、和蔼可亲；菩萨、弟子姿态随意，多扭动身体、窃窃私语，富有表情的神态，达到了艺术上的神妙境界；另有村姑顽童，或顾盼流芳，或憨态稚气，伶俐可爱，生动传神，朴实平淡。数以千计的与真人大小相仿的圆塑，

泥塑 俗称"彩塑"，是我国民间传统的一种古老常见的民间艺术。制作方法是在黏土里掺入少许棉花纤维，捣匀后，捏制成各种人物的泥坯，经阴干，涂上底粉，或素或彩，形象以人物、动物为主。

极富生活情趣。

从高约16米的阿弥陀佛，至10余厘米小的影塑，从神圣的佛到天王脚下"金角银蹄"的牛犊，均精巧细腻，栩栩如生。

麦积山的塑像有两大明显的特点：强烈的民族意识和世俗化的趋向。除早期作品外，从北魏塑像开始，差不多所有的佛像都是俯首下视的体态，都有和蔼可亲的面容，虽是高不可攀的神，却像世俗的人，继而成为人们美好愿望的化身。

从塑像的体形和服饰上看，也逐渐在摆脱外来艺术的影响，体现出汉民族的特点。

北魏时期造像秀骨清俊，露出睿智的微笑；西魏、北周时期造像温婉淳厚；隋唐造像丰满细腻；宋代造像衣纹写实，面貌庄重。总体以形写神、形神兼备。

在北魏末期的造像中，一部分薄衣透体的佛像和菩萨雕塑十分引人注目，衣褶是划出的凹线，颇能体现体魄之美。在一个窟正壁的佛像，飞天围绕坐佛而飞翔，结合极其巧妙紧密。

■麦积山石窟佛像

麦积山石窟佛像

塞外江南

陇右文化特色与形态

造像中有一石刻佛像及二服侍菩萨，坐佛高1.69米，高肉髻面形略长，眉细唇薄，穿通肩袈裟，结跏趺坐右手扬掌做施无畏印，左手做与愿印，悬裳覆盖大半个须弥座其嘴角微微上翘，略含笑意神情庄重之中显得和悦亲切。

两侧服侍的菩萨高约1.2米，各束高髻，长裙神情端庄、优雅，肌肤细腻、柔润。

麦积山石窟虽以泥塑为主，但也有一定数量的石雕和壁画。有的壁画独具特色，内容丰富，色彩艳丽，形象生动。

有一组"薄肉塑"飞天组画及残存在前廊平棋上面的4幅佛传故事画，为北周时期原作，颇具特色。

"薄肉塑"飞天，计5块，约30平方米，每块各做飞天4身，其脸部和肌体部分均为薄薄一层优质细泥塑出，其他如衣着、飘带、饰物以及周围的流云、花饰等，均以彩画而成，既生动，又极富立体感。

在4幅佛传故事画中，尤以右侧偏东的那幅骑乘人物画最为突出。特别是那匹前进的红马，不论是体形动态还是神韵都绘制的惟妙惟肖。

飞天 意为飞舞的天人。佛教中，有诸多天界存在，如三十三天、兜率天等，天界的众生，中文翻译为天人，常称为"天"，飞天即此意。飞天多画在佛教石窟壁画中。

作者巧妙地运用了散点透视和焦点透视的构图方法，又适当考虑到人在仰视中的错觉关系，因此，从不同的位置和不同的角度来看，它都有不同的走向和动势。

麦积山石窟开凿在悬崖峭壁之上，洞窟"密如蜂房"，栈道"凌空飞架"，层层相叠，其惊险陡峻为世罕见，形成一个宏伟壮观的立体建筑群。其仿木殿堂式石雕崖阁独具特色，雄浑壮丽。

麦积山石窟群中最宏伟、最壮丽的一座建筑是建在东崖泥塑大佛头上15米高处的七佛阁，又称"散花楼"，是典型的汉式崖阁建筑，开凿于6世纪中叶。

七佛阁距地面约80米，为7间8柱庑殿式结构，高约9米，面阔30米，进深8米，分前廊后室两部分。

立柱为八棱大柱，覆莲瓣形柱础，建筑构件无不精雕细琢，体现了北周时期建筑技术的日臻成熟。后室由并列7个四角攒尖式帐形龛组成，帐幔层层重叠，龛内柱、梁等建筑构件均以浮雕表现。

麦积山有一个石窟的建筑是全国各石窟中最大的一座模仿我国传统建筑形式的洞窟，表现了南北朝后期已经中国化了的佛殿的外部和内部面貌，在石窟发展史上具有重要意义。

阅读链接

七佛阁俗称"散花楼"。相传七佛阁里的7尊大佛，当佛阁建成后，曾邀佛祖来此讲经说法，赴会听法者云集七佛阁之下。七佛阁里修行的28尊飞天，见此盛况，兴奋不已。

为识别赴会者们对佛的信仰是否真诚，她从空中向地上的众生散花。如果他们心诚，飘落的花雨就会飞向天际；如果花瓣落在谁的肩上，就说明他俗缘未断，红尘未了。结果，散落的飞花久久飞舞于空际，没有一瓣落下，证实前来听法的众僧，个个诚心敬佛。

这就是七佛阁之所以称为"散花楼"的原因。

天水雕漆和洮河石砚

　　雕漆是把天然漆料在胎上涂抹出一定厚度，再用刀在堆起的平面漆胎上雕刻花纹的技法。由于色彩的不同，有"剔红""剔黑""剔彩"及"剔犀"等的区分。

雕漆剔红屏风

雕漆工艺和其他的传统艺术一样，有其自身的发展和风格演变过程。据史料记载，雕漆始于唐代，兴于宋元时期，盛于明清时期。

据《髹饰录》记载：我国唐代已有"剔红"的制作，刀法快利，古朴可赏。

天水雕漆历史悠久，可上溯至2000多年前。雕漆工艺有镶嵌、雕填、彩绘、平磨、曝钿、描金、胎花、藏绘、印锦、脱胎、刻绘、线金堆漆、研磨彩绘等。花色品种达到300多个。

■ 雕漆梅花形果盒

天水雕漆以木雕镶嵌为特色自成体系，并以优美的造型，精巧的图案，古朴典雅的风格，绚丽多彩的色调和精湛的技艺闻名。另外，天水雕漆耐酸、耐碱、耐高温，即有观赏性又有实用性。

天水雕漆产品以家用器具为主，小到手杖、茶盘、烟具、小圆桌、小凳、挂盘，大到花瓶、茶几、躺椅、沙发、古式书架、家具、餐桌椅等一应俱全。

天水雕漆的各类屏风产品最具特色，有《群仙祝寿图》《巡天图》《八仙过海》《九天玄九》《松鹤延年》《花好月圆》等多种规格不同的产品。色调以乌黑色为主，兼有红、酒红、墨绿、宝蓝、翠绿、驼黄、古绢黄、朱砂红、玫瑰红等色。

天水雕漆继承了古代雕漆工艺的传统，又从雕

屏风 古代建筑物内部挡风用的一种家具。屏风一般陈设于室内的显著位置，起到分隔、美化、挡风、协调等作用。它与古典家具交相辉映，相得益彰，浑然一体，成为家居装饰不可分割的整体，并且呈现一种和谐之美、宁静之美。

雕漆嵌玉屏风

塑、绘画中吸取营养，经细心切磋，推陈出新，富有自身特点。它漆面乌黑、光亮、均匀，漆底平整、坚实，不怕酸碱腐蚀，不怕烧不怕烫。

造型古朴、大方、雅致，表现出西北的"浑厚"风格。

天水雕漆所采用的装饰方法多为石刻镶嵌。用五光十色的石料及象牙、玉石等装配雕刻成人物、花鸟、走兽、文物等镶嵌在围屏或桌面上，并交替运用镶银、贴金、印锦、胎花、描金、彩绘等装饰方法使之立体感突出，生动、逼真。

另外也有少量产品为彩漆屏绘和雕填。彩漆屏绘是用生活调入漆颜料，直接在漆面上作工笔重彩画。虽然生漆黏度大，但画起来要像运用毛笔一样流畅自如。

雕填则是在漆面上雕出图案然后用配有颜料的漆填上，两者天衣无缝，不管用那种装饰方法，一般都讲究布局满堂。

天水雕漆的图案多取材于《西厢记》《红楼梦》《聊斋》和唐宋时期传奇作品中的人物，此外，还有花草、文物、鸟兽、山水等素材。情节以游园、赏梅、宴坐、清饮等为主。

塞外江南

陇右文化特色与形态

《西厢记》全名为《崔莺莺待月西厢记》，是我国一部古典戏剧的现实主义杰作。曲词华艳优美，富于诗的意境，对后来以爱情为题材的小说、戏剧创作影响很大。

《聊斋》又名《聊斋志异》。是我国一部记录奇闻逸事的著作。其作者是清代学者蒲松龄。"聊斋"本来是蒲松龄的书斋名。后在书斋中，蒲松龄设一茶棚，专门询问一些奇闻逸事，然后把所来的这些事情加工润色记录下来，"聊斋志异"便由此而生。

天水位于甘肃省东南部，物产富饶，风景优美，素有"陇上江南"之称。

天水所辖小陇山林区约有天然漆林四五百平方千米，可生产生漆数万千克。由于天水气候湿润，日照充足，无霜期达200多天。

春末秋初、雨后乍晴，漆不入阴，即可自然干燥，所产的生漆膘厚、漆酚高、燥性与光亮度好。这就为天水雕漆提供了最佳的原料。

在汉代，天水雕漆业进入了兴旺发达时期，是全国漆艺据点之一。隋唐时期，天水漆器依旧发展繁盛，做工精细、漆质光亮。诗圣杜甫客居秦州时有"近闻西枝西、有谷杉漆稠"之句。

至宋代，天水漆器生产仍在持续，漆器制品成为对外贸易的重要产品之一。

清代，天水雕漆大都为生活日用家具，清代末期，漆器除家用器具外，又增加了盘、盒、奁、碗、笔筒、手杖等生活用品。竹胎、木胎、皮胎、藤胎均有，髹涂多用漆器油饰和罩漆。

油饰作法为漆地做好后，以熟桐油调朱色髹涂，绘制以泥金花草饰纹，漆色艳丽光亮。

天水中城山货一带经营雕漆作坊和门店均连在一起，除生产旧椅柜桌手杖外，还有不少描金制品。产品最多者为描金箱子和立柜，图案有"孔雀戏牡丹""双凤朝阳""鸳鸯莲蓬"等类吉祥彩绘。

其次较有名者为天水皮胎漆箱，生产作坊只有四五家，产品有皮胎漆

红雕漆人物圆盒

箱、提箱、枕匣、方皮匣等，只用木胎做四周框架，其底、盖均用熟牛皮、马皮制作，多为红色。其灰底、刷色与木器工序相同。但用烧漆髹涂、色泽明亮，有携带轻便的优点，而且坚固实用。

天水漆雕工艺特色可以用"繁工珍材"4个字概括。

所谓"繁工"指工艺复杂，工序繁多。一件雕漆产品要经过木工、漆工、配石、石刻、镶嵌、粘贴、描金等上百道工序，费时少的需要三四个月，费时多的则需要一年。

天水雕漆工艺起初只有雕填手法一种，雕填是在未经褪光的地子上以粉作画，再用刀雕刻，剔去灰皮露出漆地，然后以色漆填平。阴干后，研磨褪光而成，表面平滑如镜，色漆嵌入地子可保持久远，不会脱落。后来雕填发展成为天水雕漆最有代表性的工艺。

所谓"珍材"，是指天水雕漆产品全部采用珍贵的纯天然材料。

一般采用桃红松、椴木等优质木材做胎，以当地小陇山盛产的优质天然漆作为原料，以福建寿山石、浙江青田石、萧山红石、山东绿冻石、北京黄石、太湖蚌皮和珊瑚、玛瑙、珍珠、象牙、玉石、贝壳等作为装饰材料，并常用镶金、贴银等装饰方法，极尽奢华，珍贵之极。

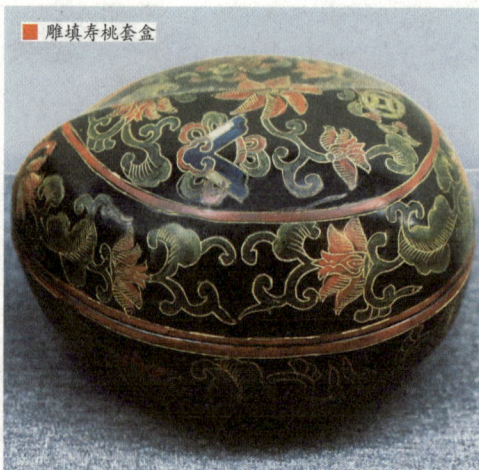
雕填寿桃套盒

洮河石砚也叫"洮河绿石"，简称"洮砚"。洮砚与广东端砚、安徽歙砚齐名，并称"中国三大石质名砚"。洮砚最佳石料出自喇嘛崖老坑和水泉湾老坑，即甘肃省卓尼县东北50多千米的洮砚乡喇嘛崖一带的洮河峡谷绝壁上。

塞外江南

陇右文化特色与形态

洮砚的生产距今已有1300多年的历史。洮砚以其石色碧绿、雅丽珍奇、质坚而细、晶莹如玉、扣之无声、呵之可出水珠、发墨快而不损毫、储墨久而不干涸的特点远近闻名，历代文人、学者、书画家均对洮砚赋铭咏诗，赞叹不已。

剔红仙人桃式漆盒

唐代柳宗元《论砚》中记载：

蓄砚以青州为第一，绛州次之，后始端、歙、临洮。

北宋时期著名鉴赏家赵希鹄在《洞天青禄集》中写道：

除端、歙二石外，唯洮河绿石，北方最贵重，绿如蓝，润如玉，发墨不减端溪下砚，然石在大河深水之底，非人力所致，得之为无价之宝。

宋代大文豪苏轼、黄庭坚赞叹洮砚：

洗之砺，发金铁，琢而泓，坚密泽；久闻岷石鸭头绿，可磨桂溪龙文刀，莫嫌文吏不使武，要使饱霜秋兔毫。

制作洮砚的洮石有多种：

歙砚 我国四大名砚之一，又称"龙尾砚"。歙砚石具有"涩不留笔，滑不拒墨瓜肤而觳里，金声而玉德"等优点。按天然纹样可分为：眉子、罗纹、金星、金晕、鱼子、玉带等石品。

端砚 我国四大名砚之首，历史悠久，以石质坚实、润滑、细腻、娇嫩驰名于世。用端砚研墨不滞，发墨快，研出之墨汁细滑，书写流畅不损毫，字迹颜色经久不变。

一是鸭头绿，也称"绿漪石"，色泽绿，有水波状纹路，石质坚细，莹润如玉，是洮石上品。如在绿色纹路中夹杂黄色痕迹者，则更名贵。

二是鹦鹉绿，色泽深绿，石质细润，其中带有深色"湍墨点"的十分惹人喜爱。

三是柳叶青，色绿而又带有朱砂点，石质坚硬。

四是淡绿色洮石，具有渗水缓慢的特点。

端砚贵在有眼，而洮砚贵在有膘。带黄膘不但是洮河砚真假贵贱的衡量标准，而且也是区分于其他砚的标志。

石膘以形定名，主要品种有：鱼鳞膘、鱼卵膘、松皮膘、蛇皮膘、玉脂膘等。石膘的颜色主要有铁锈红、橘红、浅黄、米黄、金黄、紫、白、黑、褐等。

洮砚有好的石膘，其石质也好，在这诸多的洮砚石中，尤以"黄标绿漪石"最为名贵，"洮砚贵如何，黄膘带绿波"就是对"黄标绿漪石"的赞美。

洮河石的石纹清晰鲜明，主要有水纹、云纹。宋代诗人黄庭坚有诗赞曰："洮洲绿石含风漪，能淬笔锋利如锥。"

洮砚石材的特点为洮砚优良的品质奠定了基础，加上砚刻艺人的努力，使

洮砚

洮砚具备了优质砚台所具有的所有特点，即石质细、润、发墨、下墨、不损毫。洮砚雕刻精致，砚形繁多，有圆、椭圆、正方、长方等各种形状。

洮砚雕刻使用浮雕和透雕两种技法。

透雕是在浮雕的基础上镂空其背景部分，这是洮砚雕刻艺术中最具特色

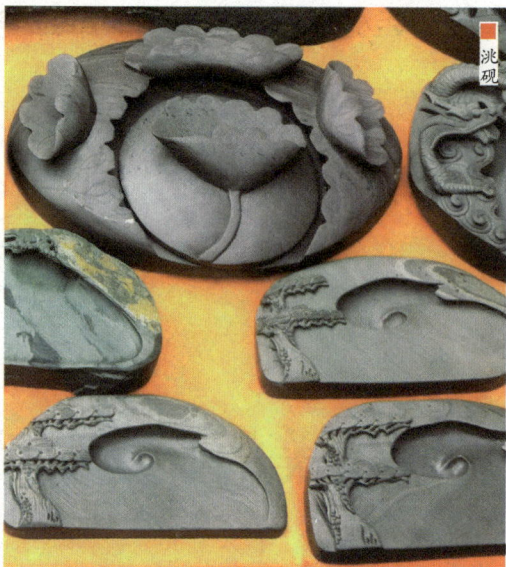

瑰丽初显

文明交汇

的技艺。透雕图案的真实感、立体感很强，富有独特的艺术魅力，同时也增加了使用价值，透雕镂空后的凹底安排为砚台的水池。

在石质不相上下的前提下，洮砚要比端砚、歙砚在工艺制作上稍胜一筹，尤其是在镂空悬雕和艺术传神上是端砚、歙砚所不能企及的。

古人说"洮州石贵双赵璧，端州歙州无此色"，从侧面也说明了这一点。

阅读链接

秦汉时期砚材产地属凉州刺史部，为陇西郡所辖；隋唐时期，此地隶属于陇右道；明清时期洮州隶属于巩昌府辖，巩昌府治在陇西，因此说洮砚产地在陇西。

后来，认定洮砚之乡，隶属卓尼县地界，洮砚历代雕刻师均为洮砚乡本地人，岷县地处洮砚乡上游，人们多以种植药材为生，并不做洮砚雕刻。

再后来，岷县的赵成德在兰州成立洮砚开发公司，因九九归一砚名声大噪，社会即流传洮砚"产于岷县"了。

外观精美的临夏砖雕

临夏地区位于甘肃省西南部，是自古以来从中原通往青海、西藏、四川的必经之路，属于闻名世界的丝绸之路中的一部分。这里聚居着汉、回、藏、东乡、撒拉、保安、土等少数民族，形成了独具特色而又丰富多彩的民俗文化。

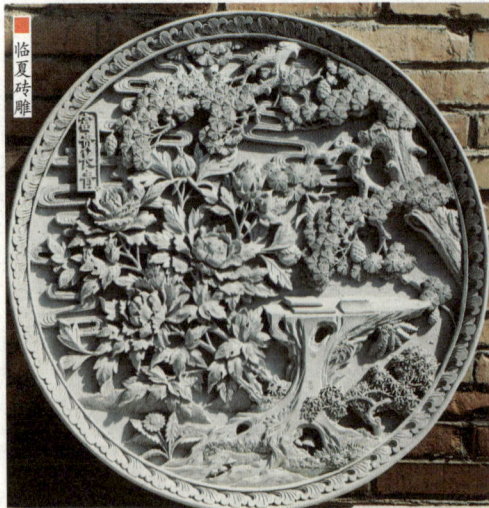

临夏砖雕

精美的临夏砖雕就是这丰富多彩的民间艺术中重要的一种。

临夏砖雕又叫"河州砖雕"，是和建筑物紧密结合的一种实用艺术。临夏砖雕起源于北宋时期，成熟于明清时期，后来又吸收了绘画、木雕的艺术特色，其艺术形式和艺术风格更加完美。

临夏砖雕是建筑物装饰的一种，主要用来装饰寺、庙、观、庵等宗教建筑和传统民居建筑以及公共建筑中，一般用于建筑物的天井、山墙、影壁、墀头廊心壁、须弥座、屋脊等部位。

建于明末清初的八坊清真北寺门前的"龙凤呈祥"影壁，堪称河州现有砖雕的精品。影壁两边为"凤凰来仪"，中为"墨龙三显"，观此影壁，浅浮雕墨龙，忽隐忽现，阴云漠漠之中，纳云吐雾，夹带雷声，有大雨骤至之感。

临夏砖雕所使用的砖料材质取自临夏北塬专门用土窑烧制的一种质地细腻的青砖。制作这种砖要精选泥土，水洗淘去杂质和沙粒，调制成泥巴，然后用规格大小不等的木制模具打坯成型，晒干后入窑焙烧。

采用这样的泥土，制成的砖密度高，硬度适中，适宜雕刻图案纹饰。

临夏砖雕的制作工艺分为"捏活"和"刻活"两种。"捏活"是先用加工好的黏土泥巴，手工或用模具捏成龙、凤、狮以及花鸟虫鱼等图案，后入窑焙烧而成，其多用于墙上或屋顶、墙角处，用于屋脊时俗称"脊兽"。

"刻活"则是在烧制好的青砖上用刻刀雕刻成各种图案和画幅，工艺比"捏活"相对复杂得多，创造

■ 临夏砖雕

■ 临夏砖雕

天井 指四面有房屋、三面有房屋，另一面有围墙或两面有房屋，另两面有围墙时中间的空地。一般出现在我国南方建筑中。因面积较小，光线较暗，状如深井，故名。

墀头 又称"腿子"，是山墙外侧突出于檐柱之外的部分。墀头由下肩、上身、盘头和戗檐等部分组成。盘头上部以多层线胶逐层挑出，并与上面的戗檐砖衔接；盘头下部的平面多装有垫花。墀头上部的戗檐和盘头下的垫花是砖雕的重点装饰部位。

临夏砖雕

印章 一种雕刻和书法融合的艺术，是和我国书法、绘画密不可分的艺术样式。印章名称很多，主要有：玺、宝、图章、图书、图记、钤记、钤印、记、戳记等。

国画 一般指的是画在绢、宣纸、帛上并加以装裱的卷轴画。主要工具和材料有毛笔、墨、国画颜料、宣纸、绢等。题材可分人物、山水、花鸟等。国画在内容和艺术创作上，体现了古人对自然、社会及与之相关联的政治、哲学、宗教、道德、文艺等方面的认识。

的形象更加细腻精致，富有质感。一个图案往往要由数块青砖拼接而成，建筑物平面上的装饰品都属于"刻活"作品。

刻雕在土窑面砖上用刀雕刻，建筑物中的墙饰、台阶等多用此法。

刻雕的工艺包括打磨、构图、雕刻、细磨、过水、编号、拼接安装、修饰等8道程序，制作工具有折尺、锯子、刨子、铲、錾、刻刀等，其中铲、錾和刻刀又随工艺要求分轻重、大小、长短、刃口宽窄薄厚数种。

临夏砖雕，在技法上采用雕刻和镂空相结合的手法，或圆雕或半圆雕，使其跃出画面，层次分明，立体感强。而次要部位和衬景，则用浮雕方式处理。

在构思上，以现实主义与浪漫主义相结合的创作手法，寄情于景，情景交融。其雕刻技法主要有阴线刻、凹面线刻、凸面线刻、浅浮雕、高浮雕、镂空式透雕等方式。

临夏砖雕多为仿木结构，采用镂空和雕刻相结合，并融入高浮雕的手法来展现画面意境。画面层次分明，具有立体感。

一幅砖雕往往由三四层图案构成，重重叠叠，里外呼应，浑然一体。在艺术形式上，比较突出地借鉴了明清文人画意境，一幅砖雕作品就是一幅精美的画。

临夏砖雕汇集了多门艺术的技法，融汇多民族的文化，具有独特的艺术风格和鲜明的民族特色。砖雕图案精美，雕刻细致，内容丰富，构思巧妙，表达了陇右地区的人民对美好生活的祝福和向往。

临夏砖雕表现的题材内容广泛，既富有诗意，又深具生活气息，可分自然景物、社会生活及富有民族特色的装饰纹样等几类。其砖雕的图案主要有吉祥纹样和吉祥主题。

常见的吉祥纹样有：代表尊贵的龙纹、凤纹图案；代表威严的狮虎图案；代表净土的莲花纹图案；代表富贵的牡丹纹图案；代表祥和的祥云纹图案。经常制作的吉祥主题有"松鹤延年图""五福捧寿图""石榴双喜图""富贵寿考图案"等。

在发展过程中，临夏砖雕吸收了木雕、石雕、玉雕等雕刻艺术的手法，同时又将传统国画、书法、印章、诗文的艺术表达形式与砖雕手法融会贯通，形成了多元性的艺术特征，既保留着特有材料所呈现的质朴和简约，又呈现出多样化的艺术特征。

临夏砖雕既有独立的观赏价值，又与整体建筑浑然一体，以景托情，幽雅飘逸，具有强烈的生活趣味，以及极强的想象力和表现力。

阅读链接

临夏砖雕历史久远，相传，砖雕是由"堵阿儿"发展而来。

"堵阿儿"就是用阿拉伯文字写成的经文名句，开始的时候是用绿色的纸写来贴在临街的街门门楣上。由于纸写的"堵阿儿"风吹雨淋下保存不久，于是有人就想到用青砖雕"堵阿儿"，镶在门楣上，此后这一创新被广泛流传。

后来青砖雕的"堵阿儿"内容就不仅仅是经文名句了，人们常在经文名句周围配上山水花草树木等图案。随着时间的推移，青砖上雕刻的内容就多起来了，镶砖雕的地方也不只是门楣上，民居寺院也开始出现砖雕。至此，砖雕这一艺术形式被普及开来。

做工考究的保安腰刀

甘肃临夏境内的积石山是保安族的聚居地。保安腰刀是保安族传统的手工艺制品，主要产于积石山保安族东乡族撒拉族大河家镇、刘集乡及周边地区。

保安人打制腰刀的历史久远，保安腰刀的出现与元代的军事活动

保安族腰刀
20世纪下半叶 甘肃临夏

密切相关。

1227年成吉思汗东征时，把部分来自中亚的将士和工匠留在青海同仁地区。这部分人与当地蒙、汉、回、藏、土等各族人民相邻而居，互通共融，逐步形成了保安民族。

在保安城定居以后，他们中有许多人从事手工业生产，出现了铁匠、金银匠、木匠、鞋匠等行业。当时的铁匠主要制作土枪、弓箭等，一脉相通的冶铁技术使他们具备了雄厚的制刀本领。

保安族迁徙到大河家以后，受生活条件的影响，他们自己制作的腰刀在用以自卫的同时也具有了商品的性质，于是保安族开始用腰刀交换牧民的牛羊和其他日常用品。从此，保安族腰刀和经济发展紧密联系在一起。

保安语把打制各种金属器具的工匠称为"果尔"，在清代的河州志记载为"古族有果尔族"，这说明元清时期工匠已形成一个社会群体并被称为"果尔族"。

在保安语中，对打制金属器具的工匠，仍沿用古代对工匠的称呼"果尔"。

保安腰刀与藏刀、蒙古刀齐名，制作精巧，式

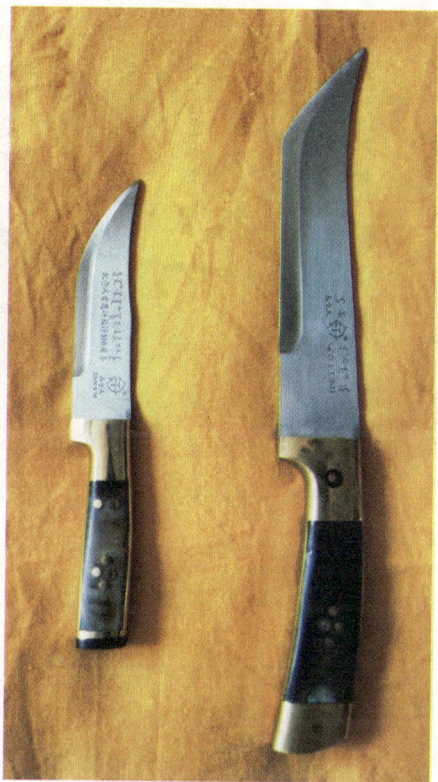

■ 保安族的腰刀

成吉思汗（1162年—1227年），即元太祖，名铁木真。古代蒙古族首领、军事家和政治家。出生于蒙古乞颜部孛儿只斤氏族。12世纪末13世纪初，先后统一蒙古诸部。1206年被推为大汗，称成吉思汗（蒙古语"海洋"或"强大"之意）建立蒙古国。

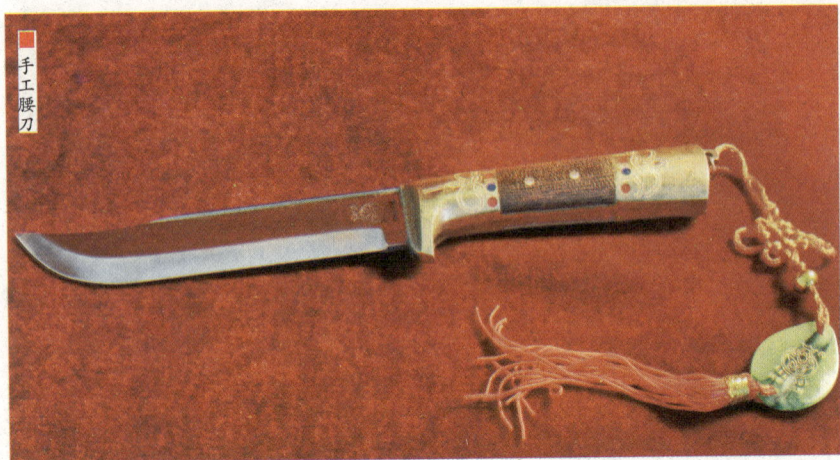

样雅致，刀身用优质钢锻打磨，再进行热处理而成，刀锋锐利，寒光闪闪。

保安腰刀种类繁多，各具特色，刀把用牛角、红铜、黄铜、铝片叠压，再用五光十色的什样锦镶嵌，经锉磨成型，其层纹交错，瑰丽多彩、十分奇巧好看。

刀鞘内木外铜，铜壳上饰有龙、兽、花、草等图案，并根据不同图案授予不同的美称，鞘上配有精美环扣，可穿绳佩于腰间。

保安腰刀种类繁多，各具特色，最常见的有"什样锦""波日季""折花刀""雅吾其""双落""满把""扁鞘""珠算刀""鱼刀""马头刀""一道线""蒙古刀""哈萨克刀"等。

保安腰刀刀面上，分别镌刻着手、龙、梅花、星星等各种图案，这是区别腰刀的不同风格、不同式样的主要标志。

在形制不一的各式腰刀中，最漂亮的要数"什样锦"。这种腰刀造型优美，线条明快，装潢考究，工艺精湛。最引人注目的是腰刀的把子。

五光十色的把子，多彩瑰丽，用鲜艳的什样锦镶嵌而成。金黄、翠绿、湛蓝、澄紫、黛黑、银白、桃红……五彩缤纷，并夹有朵朵梅

塞外江南

陇右文化特色与形态

花。银白色的刀鞘，包着3道枣红色的铜箍，分外璀璨夺目。

刀鞘上端，有个小孔，插着一把铮亮别致的紫铜环子，拔刀出鞘，刀锋闪闪发亮，寒光逼人。

"折花刀"因工艺复杂，刀体刚柔相济，弹性好不易折断，刀体纹理奇特，刀刃锋利而著称。折花刀是保安腰刀中的上品的代表，最有名气，被称为"保安刀之王"。折花刀工艺与元代西域的"米昔刀"相似。

元末诗人张宪在诗中写道：

唐人宝刀夸大食，于今利器称米昔。
十年土涮松纹生，戎王造时当月食。

质量上乘的保安腰刀锋利无比，"刷、刷、刷"几下子，可把铁棒削得火星闪烁，铁屑飞溅，而刀口不缺，刀刃不卷，仍旧锋利无比。

拿几根头发来，把其中一根头发横放在刀刃上，

龙 在我国古代的神话与传说中，龙是一种神异动物，具有9种动物合而为一而又九不像的形象，为兼备各种动物之所长的异类。在过去，龙是一种民族图腾，后来演化为帝王的象征，也用来指至高的权力和帝王的东西。

保安族 甘肃省特有的少数民族，属于阿尔泰语系蒙古语族。大多数人兼通汉语，通用汉文。旧时因信仰伊斯兰教和风俗习惯与当地回族略同，而被称为"保安回"后来定名为"保安族"。

■ 少数民族腰刀

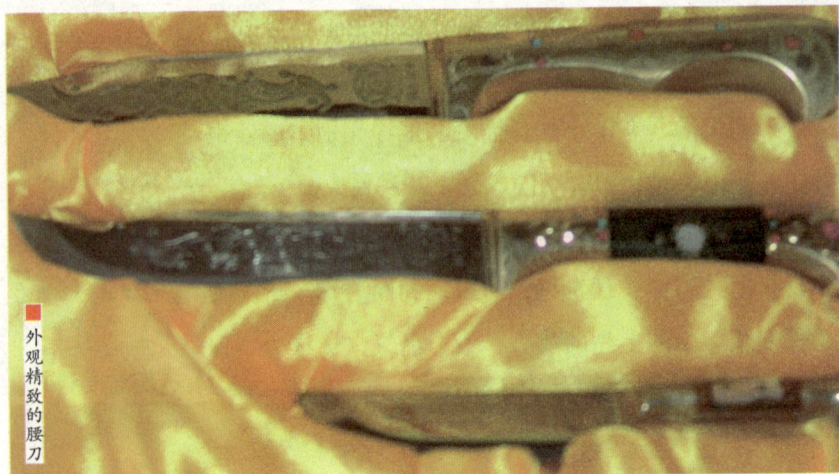
外观精致的腰刀

只要轻轻一吹，头发立刻断了；接着又吹第二根、第三根……每根都是瞬即断为两截。

保安族工匠在长期的生产实践中，掌握了热胀冷缩的原理，把烧红的刀坯快速冷却，以提高钢材密度，增加刀刃的韧性和坚硬程度，保持刀刃锋利。

传统的保安腰刀制作工艺相当复杂，工序多则80多道，少则三四十道。一般是先把选好的铁反复锻打，然后劈开加钢，最后淬火而成。

在制刀工艺中有两道是保证质量的关键技术。一是"加钢背铁"；二是"蘸水"。恰到好处的处理能保证刀具刚韧相济。

制作折花刀刀柄，要对黄铜片、红铜丝、白铁丝、牛角、塑料等不同材料分别加工，然后将其巧妙叠合胶铆而成，雕绘上种种栩栩如生的精美图案，抛光打磨完毕，顿时五光十色，耀人眼目。

折花刀刀面上刻有七颗星、五朵梅、一条龙、一把手等图纹，纹饰精细。刀鞘多为铁鞘铜箍，配以装插的钢制镊子，既增添了刀鞘式样的美观，又可以防止刀体从鞘中滑出。

每户保安人家都有铁匠，每位铁匠都有自己的特定刀面图案。有的图案是某位铁匠的标志代号，有的图案蕴含着一个美好的传说，或记载着一个悲壮的故事。

保安腰刀用途广泛，它不仅是生活用具，可作为餐刀、加工工具，还具有装饰价值。此外，也是上乘的馈赠礼品，具有较高的收藏价值，深受各族人民的喜爱。

保安族工匠在生产实践中，积累了宝贵的精神财富。

一是不畏强权，坚持正义的精神；二是像折花刀"千锤百炼成一刀"一样的百折不挠、精益求精的精神；三是坚守信仰，乐观向上的精神；四是诚实守信，保证质量的精神。保安族工匠几百年来对不同信仰、不同民族、不同阶层的顾客以诚相待；五是不断学习进取的精神。

随着社会的发展，保安族的能工巧匠带着各自的"绝招"，在一起不断切磋打刀技艺，因此造腰刀的复杂工艺过程，像设计、锻打、淬火、银嵌、砸铆等，都有了新的突破，品种也不断丰富，保安腰刀的名声更为人所知。

阅读链接

从前，保安人居住的地方美丽富饶，人畜兴旺。可是，有一年不知从哪儿来了一个魔鬼。这个魔鬼进场到村子里掠取姑娘。闹得人们人心惶惶，不敢出门。

村里有个见义勇为的铁匠叫哈克木，他手持钢刀前去山洞与魔鬼搏斗。但是无论他怎样举刀猛砍，总伤不着魔鬼。

后来，有一位白胡子老翁给他托梦说："孩子，有一种叫"波日季"的腰刀可制服魔鬼。对面山上有个天池，天池西边有棵老树，你按照此树的叶子打一把腰刀，并记住在刀面上要凿上有树叶的图案。"

哈克木遵照白胡子老翁的话精心打制了一把"波日季"腰刀，他拿着这把腰刀又一次来到山洞，终于杀死了魔鬼，救出了被魔鬼关押的姑娘。

手法灵活的庆阳剪纸

早在公元前3世纪至1世纪的汉代，随着造纸术的发明，用纸剪人影像替代活人的剪纸艺术就开始了。

6世纪至10世纪的隋唐时代，剪纸用途进一步拓展，此后，剪纸艺术不断衍变，题材不断拓宽，用途不断增加，由宫廷祛邪之用走向民间生活。陇东庆阳是剪纸艺术最先兴起的地区之一。后经宋元明清几

甘肃天水剪纸

个朝代，剪纸艺术不断发展成熟。

根据风格的不同，陇右剪纸分为陇东、陇南、洮岷三大流派。其中以陇东剪纸为代表。陇东剪纸历史悠久，独具特色，以古雅质朴、大胆夸张和即兴创作为特点，具有浓郁的传统文化色彩、乡土气息和旺盛的创造潜力。

■ 甘肃天水剪纸

表现题材丰富，崇尚吉祥喜庆，采用借物寓意等象征手法，广泛用于民俗生活，如窗花、墙花、春叶、喜花、礼花、寿花及绣样花等。多用大红纸为原料，分为剪、刻、撕、熏4种方式，采用阴剪、阳剪、阴阳混合剪以及套、贴等技法。

庆阳剪纸俗称"花花"，也叫"窗花"，种类繁多，取材宽广，内容丰富多彩，表现手法灵活，剪纸技艺娴熟，风格古拙质朴、粗犷奔放、简单明快、线条洗练。

在庆阳民间，逢年过节，婚男嫁女，满月祝寿，人们都要打扫庭室、裱糊墙壁，又要执剪铰纸，制作窗花。在窗框、炕围、墙壁、门扇上贴上红红绿绿的各种剪纸花，把自己的居室打扮得五彩缤纷、红红火火。

这些剪纸花，因贴的位置不同而名称各异。贴在门上的叫"门花"，贴在窗上的叫"窗花"，贴在炕

剪纸 又叫"刻纸""窗花""剪画"，统称为"剪纸"。是最古老的民间艺术之一。剪纸是一种镂空艺术，其在视觉上给人以透空的感觉和艺术享受。其载体可以是纸张、金银箔、树皮、树叶、布、皮革等片状材料。

甘肃天水人物剪纸

塞外江南
陇右文化特色与形态

墙上的叫"炕围花"，贴在顶棚上的叫"顶棚花"。

庆阳剪纸种类繁多，因用途不同而内容各异。大体有喜庆剪纸、礼仪剪纸、祛病剪纸、生活剪纸、福寿剪纸、婚禧剪纸、生殖剪纸、丧葬剪纸、图案剪纸、底样剪纸和生产劳动剪纸等。

这些剪纸大都有底样，是从祖辈那里一代一代传下来的，细心的妇女把底样夹在书籍中，视为传家宝。

庆阳剪纸取材宽广。日月星辰、山水花木、人物鸟兽、故事传说都是剪纸的素材。瓜果蔬菜、男女娃娃，因为天天见，对它们观察深透，因而成了妇女剪刀下永久的题材。

她们通过对这些题材的取舍剪制来装饰美化家庭环境，表达对生活的理解和感受。

龙、凤在庆阳剪纸艺术品中，所占比重较大。在庆阳传统剪纸中，有"龙生九子""三爪龙""四爪龙""五爪龙""二龙戏珠""富贵龙""凤戏牡丹""双凤和鸣""龙凤舞"等。

庆阳剪纸内容丰富多彩。

有表达吉祥喜庆、反映传统民俗的，如"二龙戏珠""骆驼进宝""吉兽图""麻姑献寿"；有反映生殖繁衍、美好爱情的，如"孔雀戏牡丹""蝴蝶恋花""喜鹊踏梅""鱼儿钻莲"；有保佑平安康乐、祈求神兽降福的，如"老虎下山""狮子滚绣球""抓髻娃娃""送福娃娃"；有民间故事，如"刘海戏金蟾""武松打虎""王祥卧冰"；有表达对劳动果实喜爱的，如麦穗、谷穗、瓜果、桃杏等。

这些作品有着浓厚的乡土气息，反映了黄土高原上人们的生活习俗，充满着她们对生活的理解、感受、热爱和追求。

庆阳剪纸表现手法灵活，剪纸技艺娴熟。颜色以红、绿为主，有单色、套色、染色等。剪法分阳剪、阴剪、阴阳剪等。阳剪，即留下勾画形象的线条；阴剪，即剪去线条留下平面；阴阳剪是阳剪和阴剪二者的结合。此外，还有折叠纸而剪的对称剪、阴影剪、图案剪等。

为使剪纸图案线条丰富多变、多姿多态，庆阳剪纸艺人们还创造了梅花纹、勾云纹、锯齿纹、田禾纹、月牙纹、水纹、花纹等剪法。她们凭着一双灵巧的手，把生活剪得千姿百态、生动活泼、有情趣而富有诗意。

庆阳剪纸与我国同类民间剪纸相比，独具特色。庆阳位于陕甘宁地区的交会地带，交通闭塞，很少受外来文化冲击。

作为生命象征的龙为图腾的龙文化，以鹿为图

勾云纹 传统的一种纹饰。共有两种，一种是阴线碾琢的小勾云纹；另一种是减地凸起的勾云纹，勾云正反相连，排列密实，这两种勾云纹均盛行于战国时期至汉代时期。

瑰丽初显

文明交汇

■ 甘肃天水剪纸

腾的鹿文化，在国内其他地方近乎绝迹，但在庆阳剪纸中一直延续并保留了下来。

如"人头鱼""神鱼瓶""娃娃鱼"都是以鱼、龙、蛇为图腾的原始文化的传承。剪纸"寿花"，既有鹿头纹样的原始图腾形态，又向生命之树的植物形态发展，上有双鸟的轴对称形剪纸"生命之树"是两汉广为流传的图样。

庆阳剪纸中的不少造型与古生物形态十分相近，庆阳剪纸中的形象，像虎、牛、蛇、蜥蜴、鹰、鹿、羊等，在远古岩画中已有出现。

庆阳剪纸中蕴含着古代阴阳哲学观，揭示了中华民族根深蒂固的阴阳哲学的奥秘。《绎史》中"天地开辟，阳清为天，阴浊为地"，说的就是阴阳哲学观。

庆阳地区是远古文化的巨大宝库，是华夏民族的摇篮，蕴藏着得天独厚的远古文化。庆阳剪纸既揭示了远古文化的奥秘，又传承着远古文化的信息，是不可多得的远古文物的"纸化石"。

庆阳民间剪纸的审美意识是变形的。不求真实，善于夸张；不合透视，形体变形；不求物件形态毕肖，只讲简练传神；不求四肢齐全，讲究随心达意。

剪纸作为陇东地区的一种民间手工艺术品，其艺术价值和深远影响不容置疑，作为中华民族艺术宝库中的一朵奇葩正散发着历久的芳香。

阅读链接

结婚是人生历程中最为隆重的礼仪。庆阳剪纸对男女婚配，生命繁衍不息的内涵，采用多形式、多技巧、多方位的艺术形式予以赞美的歌颂。

常见的"龙戏珠""猴吃桃""鹰踏兔""鹿衔草"等都是用比喻、暗示、启发的手法，表现男女婚配的。"莲生子""老鼠盗葡萄""百子石榴""青蛙""扣碗花""麒麟送子""百子葫芦"等，都是采用借寓的方法，表现生殖繁衍。

庆阳香包的民俗文化

　　庆阳位于甘肃省最东部，地处黄河中上游的黄土高原，是陕甘宁三地区的交会处。庆阳地区是华夏农耕文化的源头，有着浓厚的民俗文化。庆阳地区流传一种民间民俗物品——香包。

　　香包，又称"荷包"，也称"香囊""佩帏"，庆阳地区俗称"绌绌"或"耍活"。

甘肃庆阳荷包

　　庆阳香包是按照剪纸的图样，在丝绸等布料上用彩色的线绣出各种各样的图案，然后缝制成不同的造型，内芯填充丝棉、香料，就做成一种小巧玲珑、精致漂亮的刺绣品了。

庆阳香包形成于公元前2300多年，中医最早的经典之作《黄帝内经》的作者岐伯曾携一药袋以防疫驱瘟、禁蛇毒，并开创"熏蒸法"。因岐伯生于庆阳，因此这个方法在当地渐成习俗，流传不断。

草药被称为"香草"，因而药袋便称为"香包"或"绌绌"。

明清时期，庆阳香包十分兴盛，成为人们佩戴或馈赠的佳品。因此庆阳女孩儿多"七岁八岁学针线"。

庆阳香包之所以有如此久远的历史，主要因为庆阳有着浓郁的农耕文化习俗。农耕文化一个最显著的特点是男耕女织。

在生产力较为发展的前提下，女人们除完成织布缝衣外，还做一些工艺品、礼品用来点缀生活，联络感情，香包也就由此而生并广为流传。这些香包给人以原始生命的壮美感，包含和浸透着古代哲学的神秘色彩，内容无所不包，多以人类童年期的多种崇拜和原始图腾为主题。

庆阳香包是一种立体造型和平面刺绣相结合的纯手工艺制品，构型简单质朴，按制作技艺分有"绌绌"类、线盘类、立体刺绣类、平面刺绣类四大类型。

"绌绌"类又名"藏针绣"，其特点是把针线藏起来，以造型状物、形神兼备而不见针线为佳境，其工艺流程包括创意、选料、剪裁、状物等环节。线盘类香包是用各色线条盘成五角菱形的"粽子"，其技

■ 葫芦形平安香包

《黄帝内经》
我国传统医学四大经典著作之一，是以中华民族先祖"黄帝"之名的巨著，是中医现存成书最早的一部医学典籍。是研究人的生理学、病理学、诊断学、治疗原则和药物学的医学巨著。在理论上建立了中医学上的"阴阳五行学说""脉象学说""经络学说"等学说。

艺包括折壳子、配色线、盘线成型、成果等。

成果是将线盘成品连缀，吊上彩穗。这样制成的香包可以随身佩戴，可以挂在门庭，也可以馈赠他人，以寓示祥和平安。

立体刺绣类香包内容庞杂，形式繁多，有单面挂佩件，双面挂佩件、立体挂件和摆件等近400种样式。

其制作过程分构图、刺绣、彩染、缝合、成果等环节，有过样子、打样子、扩背子、上样子、绣花、状物、成果、打扮等工艺步骤，制品讲究神似而不求形似。

平面刺绣类香包风格敦厚凝重，厚实中流露出隽永，其制作有破线绣、合线绣、掇绣及齐针、辫针、缉针、掺针、抢针、挽针、盘金、点金、圈金等方法。

庆阳香包用料简单，一布一针一线加一珠而已。布料多用丝绸或彩布，线絮为五颜六色的彩线。刺绣手法多样，有手绣、锁绣、补绣、纳绣、套绣等。

锁绣 古代刺绣针法。由绣线环圈锁套而成，绣纹效果似一根锁链，故名。锁绣较结实、均匀。第一针在纹样的根端起针，落针于起针近旁，落针时将线兜成圈形。第二针在线圈中间起针，两针之间距离约半市分，随即将第一个圈拉紧，以此类推。

■ 香包

香包挂件

在缝制中有剪样、锁边、打结、绣样、吊絮、穿珠等。其针工细密，绣中罕见。

庆阳香包大体有5种类型：

一是头戴型。主要供孩子们头上佩戴，常用彩色布和彩色线做成虎头、猫头、兔头等各种动物头型帽，端午节戴上驱邪护身。

二是肩卧型。一般以猛虎雄狮为图样，绣成头大身小、有爪无腿的老虎、狮子，缝在孩子们肩上，以祛邪恶。

三是胸挂型。这种类型样式繁多，内容庞杂。一般用双股彩线把香包连起来，挂在胸前衣扣上，少则一两个，多则八九个，内容常为吉祥如意的动植物，表达妇女祝福求安，五谷丰登的心愿。

四是背负型。这种类型主要为"五毒背心"。刺绣蛇、蝎、蜥蜴、蜈蚣、蜘蛛5种小动物的图样，缝在孩子们上衣的衣背上。这些小动物本是有毒的，端午这天却要穿在身上，表达了"以毒攻毒"的哲学观念和护身心愿。

五是脚蹬型。多为飞禽走兽头型的图样，如虎头鞋、猫头鞋、蝴蝶鞋等。这种香包左右双双对称，寓阴阳平衡之理，取避邪护身、成双成对、并蹄腾飞之义。

庆阳香包原始生态文化味浓。庆阳位于黄河流域，是华夏民族繁衍生息的地方，远古文化积淀深

端午节 我国重要的传统节日，时间为每年的农历五月初五，又称"端阳节""五月节""艾节""蒲节"等，本来是夏季的一个驱除瘟疫的节日，后来楚国诗人屈原于端午节投江自尽，就变成纪念屈原的节日。

厚，很少受外来文化的影响。

民间工艺刺绣中，大量蕴藏着人类童年期的多神崇拜和以"龙蛇虎鹿"等为图腾的原始文化痕迹，很多香包中渗透着巫神文化和古代阴阳平衡的哲学观念。

如用绿布卷成盘蛇，再扎上几个梅花，便是龙的化身。它是龙蛇崇拜和以龙蛇为图腾的原生态文化在民间刺绣中的遗存。

庆阳香包表现手法奇异多样，不讲透视，不求比例；不讲形象，只求神似；夸张变形，突出头身。各种动物香包，或大头小身、有头无尾，或有头无足、有头有身无腿，或身长蹄短，以爪代腿，等等。

如肩头狮虎，一般头比身大，有爪无腿，既不是真实形象，又不合形体比例，完全由艺人随艺术思考"随意"完成。

以比喻象征的手法，托物言志是庆阳香包的主要表现手法。

比如借老虎狮子的勇猛威武，祛除邪恶之气，保护自身安全；借鱼儿钻莲喻男女爱情；借葫芦、石榴多籽，盼望多子多福；借大枣、花生、桂圆、莲子之名，取其谐音，寓早（枣）生贵（桂）子之义。

瑰丽初显

文明交汇

刺绣香包

送给长寿老人的"耄耋童趣"，以猫和蝴蝶戏牡丹组合图案，喻义老年生活富有情趣；送给小孩的"福寿娃娃"，以憨态十足的娃娃为主体，周围环绕蝙蝠、桃子组图，盼望孩子健康平安。

庆阳香包审美观点独特，它不从物质生活着眼，而从意念出发，采用意象手法夸张造型，幻化姿态，多变视点，随意创作。

很多无法理喻的东西，在庆阳香包艺术中却经常见到。比如香包"猫吃老鼠"，在猫肚上绣几个小老鼠，在他们意念中，猫吃掉老鼠后，老鼠还活在猫肚里。

香包"两面人"头的前后都长着鼻子、眼睛、嘴巴。这是庆阳香包艺术家对人体五官功能的一种理想化的想象。

庆阳人对生活、对环境观察相当熟稔。她们把身边最常见的、最丰富的素材，比如花卉树木、虫鱼鸟兽、日月风云、楼台亭榭、几何图案，以及人物，都作为香包绣制的范畴。

通过一针一线一把剪刀，将龙、凤、金鱼、小老虎、狮子、蛇、蟾蜍、壁虎、蜈蚣、蝎子等图案呈现在一个小小的香包上。供人们在芳香四溢的香包世界里把玩欣赏，以此寄托人们心灵深处的美好诉求。

阅读链接

庆阳香包和庆阳历史一样悠久，有着浓厚的文化底蕴和民俗内涵，具有稚拙、粗犷、浑厚、朴实的风格，凝聚着庆阳人宽厚乐天向上的气质，蕴含着博大，雄强阳刚的民族魂魄。

一年一度的端午节，是庆阳香包艺术的大博览。

在这一天，小孩们身上挂满香包，在两肩之上，一边蹲着老虎，一边蹲着狮子，背上驮着青蛙，胸前挂满金瓜、绣球。

老者胸前挂一个"葫芦烟袋"香包；上学的孩子拿的是"书套"香包。新媳妇进门第一年的这一天要给公婆、兄弟姐妹送香包；小伙子在一块互相抢香包等。

文化特色

一路走来，陇右的经济形态经历了多个变化。从畜牧到半畜牧半农业，又从半畜牧半农业到单一农业。最后随着单一农业经济形态的形成，陇右文化由农牧并举转向农耕文化形态。

陇右文化在历经千百年来的流变整合和融通积淀以后，浸润了深深的地域性烙印，最终成为中华文化的重要组成部分，它是中华文化宝库中具有鲜明地域特征的独具特色的地域文化。

秦代人的音乐文化

陇右地区的乐舞可以追溯至秦代人进入天水地区的时候。

天水地区在先秦时期具有良好的自然条件，这里林茂草丰和水源充足的环境，成为西北地区宜居之地。在商代末期，秦代人入居天水地区。秦代人在这里与西戎等民族交流融合，这使秦文化充满了生机与活力。

雅乐

■ 秦代歌舞伎

随着秦代人政治地位的不断提高，秦代人的各种礼乐文化制度也先后创立和建立起来。

秦代人的音乐称为"秦声""秦音"，是秦代人在天水等地古老的西音基础上发展起来的。

相传，殷商时整甲始作西音，后周昭王时，辛馀靡有功，被封为诸侯，立国于西翟之地的西山，继承了整甲的西音传统。秦穆公时，把西音发展成了秦音。

西周是我国先秦时期古乐舞发展的重要阶段，乐舞作为礼仪的一个部分，即所谓的"礼乐"被后世推崇。

乐和于礼是礼仪制度的一个特点，同时也赋予乐以重要的地位和作用。在秦代人与周人的交往中，最晚在秦仲时，秦代人已经有了较为完备而富有民族特色的音乐制度。

当时的音乐有俗乐与雅乐之分，西周中期懿王、夷王时期出现雅乐与民间音乐风格的革新，即所谓的"变风变雅"，从而促进了新音乐的成长和音乐的大

诸侯 古代朝廷所分封的各国国君的统称。周代创立。周代分公、侯、伯、子、男五等，汉代分王、侯二等。诸侯名义上需服从王室的政令，向王室朝贡、述职、服役等。汉代诸侯国由皇帝派相或长吏治理，王、侯仅食赋税。

塞外江南

陇右文化特色与形态

石磬 是古老的石制打击乐器，由石或玉制成，形状有大有小，上面刻有花纹，并钻孔悬挂于架下，击打传声。它历史悠久，造型古朴，制作精美。

祭祀 是华夏礼典的一部分，更是儒教礼仪中最重要的部分。它按一定仪式，向神灵致敬和献礼，以恭敬的动作膜拜它，请它帮助人们达成靠人力难以实现的愿望。祭祀有严格的等级界限。天神地祇只能由天子祭祀。诸侯大夫可以祭祀山川。士庶人则祭祀自己的祖先和灶神。

发展。秦代人的音乐大约产生于此时。

传统认为秦代人的音乐是"穆公时，取风西音，作为秦音。秦之有音乐，盖始于此。"但事实上秦代人的音乐是秦代人早在天水一带生活期间就发展起来的。

秦仲是秦代人革新民间音乐的第一个关键性人物，秦代人在秦仲时开始了革新民间音乐的"变风"。秦代人在天水地区与戎狄杂处中，音乐的发展历时已久，这说明秦代人的音乐在掺杂不少戎狄"西音"的基础上，开始了音乐民族化的步伐。

《诗经·秦风·车邻》中记载：

既见君子，并坐鼓瑟。既见君子，并坐鼓簧。

意思是秦地两位友人见面，高兴地并肩而坐，弹瑟吹簧。

编钟和石磬是秦代人使用的重要乐器。这两种乐器是宫廷用品和祭祀用品。石磬排列起来就组成了编磬。秦汉时期，编磬和编钟是宫廷用品或祭祀乐器。

编磬由于相互间大小、薄厚不同，敲奏起来旋律悠扬，音色独特，悦耳动听。

编钟以其庄严肃穆、典雅纯正而闻名。秦代人的音乐具有朴实无华的特点。

荀子曾说道：

> 观其风俗，其百姓朴，其声乐不流污，
> 其服不佻，甚畏有司而顺，古之民也。

春秋晚期，秦国已有"百乐"。百乐是秦代人乐器种类繁多、音乐发达的表现，也是秦代人的音乐由"西音"和"秦音"完成过渡的反映。这时，秦音已经达到了相当高的水平，其风格和中原地区"夏声"已经不相上下。

■ 秦代编钟

秦国民间音乐的一大特色是以简单的曲调吟唱，又以瓦器作为乐器。

秦代人用盛水、盛食物的瓮、缶作为乐器，奏鸣时，敲打盆缶，弹起秦筝，拍着大腿，放喉歌呼。这种乐舞是秦代人对西戎器乐借鉴的产物，古者西戎用缶以为乐。

战国时，秦王和赵王会于渑池，秦王逼迫赵王弹瑟，以此来羞辱赵国。

随行赵王的赵国大夫蔺相如针锋相对，奉上盆缶，要求秦王弹奏。

秦王不答应，蔺相如以性命相威胁，秦王无奈，只好击缶。缶和瑟音色低沉，虽音律单调却不失典雅浑厚。

早期天水民间流行一种烧制的陶乐器"哇呜"，实际上就是古代的"土"乐，及陶乐器的"埙"。这种陶瓦乐器在天水地区有着悠久的历史。

秦代人在天水的发展阶段，是秦代人音乐文化从产生到升华为"秦音"的关键时期。是秦代人精神风貌、审美艺术传统最具典型意义的真实记录。

秦腔是最古老的戏剧，是秦代人文化音乐的主要形式，它源于天水地区，是在秦音的基础上发展起来的。

阅读链接

在甘肃省陇南礼县大堡子山公墓出土文物中，有秦乐器编钟和石磬。这套编钟大小相次，有9件保存在甘肃博物馆。石磬也是一套。有两件保存在礼县博物馆。

大件长约0.5米，小者约0.3米，呈曲尺状。后人推测礼县编钟应当为宫廷用品或祭祀乐器。秦汉时期，编钟和编磬是帝王宫廷乐队最主要的乐器，通常在宫廷礼乐、宗庙祭祀、朝会等重要场合奏鸣。

据说孔子曾听了用编磬演奏的《韶乐》后，乐不思味。正因为如此，秦和秦以后帝王陵墓中常有编钟、石磬等随葬。

特色浓郁的陇右文学

陇右文学是我国文学的一朵奇葩，是我国文学的渊源之一。诗歌是我国最早产生的文学形式，因其便于传唱和与口头流传而为人们喜闻乐见。

秦代人长期生活在甘陇地区，与戎狄杂居，并且在长期的民族交往

陇右寺庙建筑

中，磨炼了他们独特的民族性格和精神风貌。这在言志抒情的诗词歌赋创作中，有着充分的体现。

产生于公元前500年左右天水地区的秦《石鼓文》是秦代人比较成熟的文学作品，已刻有四言诗10首、465字之多。这10首诗完整地展现了秦代贵族游猎出行、祭祀等丰富的生活内容。这些诗语生动，有声有色，音域和谐，寓意深广。

■ 秦代石刻——石鼓文

《秦风》是陇右文学最早且颇有影响的文学作品。我国最早的诗歌总集《诗经》中，收有《秦风》10篇，这是秦代人在民间口口相传的大量歌赋民谣中的一部分和代表作。

《秦风》的艺术特点有：一、悲凉、凝重，刚柔相济的独特语言特点；二、赋、比、兴的特点。赋是《秦风》占绝对优势的表现手法；诗中有画，寓情于景是比兴在《秦风》中的再现；三、复叠的特点。重章是《秦风》常用的艺术手法；重言和叠句，是和重章相互交织在一起的。

《秦风》独特的艺术风格、艺术表现手法、善美的精神追求和所蕴含的现实主义精神对后世创作都产生了深远的影响。

《诗经·秦风》中的10首诗分别为《驷骥》《车

赋、比、兴是《诗经》常用的三种表现手法，是古代对于诗歌表现方法的归纳，是根据《诗经》的创作经验总结出来的。赋：平铺直叙，铺陈、排比；比是比喻；兴是托物起兴，先言他物，然后借以联想，引出诗人所要表达的事物、思想、感情。

邻》《小戎》《蒹葭》《终南》《晨风》《无衣》《渭阳》
《权舆》。其中《驷驖》《车邻》《小戎》《蒹葭》
等，均描写秦代人东迁前在天水一带的活动，同时也
反映了秦代人在陇右的创业活动和民情风俗。

《驷驖》讴歌了秦君游猎的盛况。《车邻》是一
首赞美秦仲的诗。秦仲时，秦代人才开始有车马礼
乐，该诗赞颂的正是车马之事。

《小戎》描写对出征西戎的丈夫的思念，但更多
的却是对丈夫的赞美，并以此来加深思念的情感，同
时也表现出内心的慰藉。《蒹葭》是"一首意境和音
调两具秀美"的杰作，表现了作者在秋日河边追寻恋
人的情感体验。

还有，天水放马滩出土的《志怪故事》秦简，说
明早在战国末期，陇右已出现了志怪小说。可见，陇
右不但是我国诗歌的多源发祥地之一，也是石刻文学

■ 《诗经》又称
《诗三百》，是我
国文学史上最早的
诗歌总集，收入自
西周初年至春秋中
叶500多年的诗歌。
另外还有6篇有题
目无内容，即有
目无辞，称为"笙
诗"。所涉及的地
域，主要是黄河流
域，西起陕西和甘
肃东部，北到河北
西南，东至山东，
南及江汉流域。

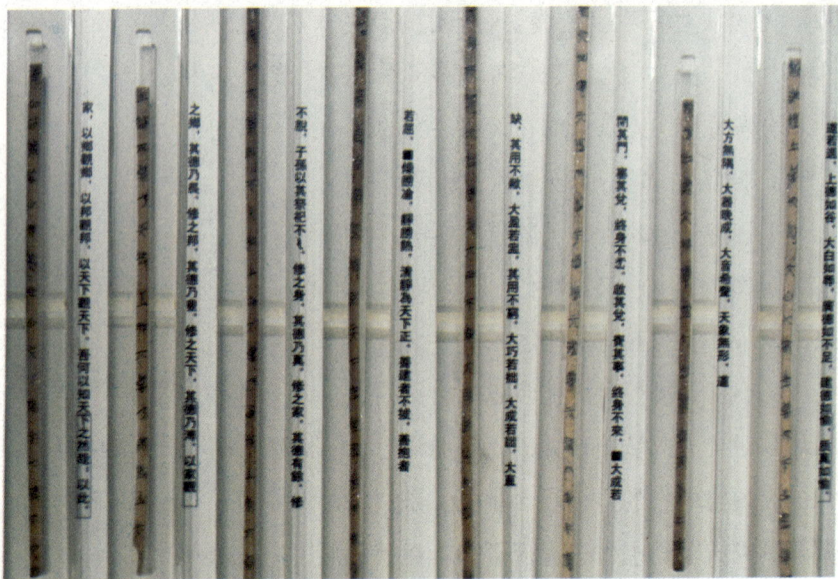

■ 陇右出土秦简

和志怪小说之祖。

秦汉时期以来的陇右文学，保持并发展着《秦风》的传统，以突出的特征为世人所瞩目。

这主要表现在两个方面：

一是像晋唐陇右小说、唐代边塞诗等以其突出的成就在我国文学史上占有重要地位，在某些方面填补了古代文学的空白。

二是陇右文学作家孤傲的人格、耿直的个性以及他们的作品所体现的对现实深刻的揭露和尖锐的批判，也在文学史上放出奇异的光彩，启发和鼓励后代学者文人以勇敢的精神面对黑暗的社会。

晋唐时期小说的发展过程中，陇右小说的创作，不仅构成并且推动了志怪传奇的发展繁荣。

概括起来，陇右小说创作的重要意义体现在三个方面：

一．在志怪传奇小说中，陇右小说占有十分突出的地位。晋代的王嘉，唐代的李朝威、李公佐、牛僧孺、李复言，五代的皇甫枚、王仁裕，都是当时最重要的小说家，他们的作品体现着所在时期小说艺术的最高水平。尽管他们并不全都在陇右地区从事文学活动，但都受其积极的影响。

二．陇土风气和陇右作家的言行在一定程度上影响和推动着当时的小说创作。

三．陇土生活为小说创作提供了养料和素材。

在陇右传奇小说作家中，李公佐是一位有影响的作家。他生于唐代宗大历初年，20多岁以后，就热衷于传奇小说的创作。

他的传奇小说中，最有名的是《南柯太守传》。这部作品对后世的文学创作有较大的影响，在我国文学史上占有一定地位。

传奇小说 是我国古代文言短篇小说的一种，属于一种传录奇闻的文体，产生和流行于唐代，因此又称"唐传奇"。唐代传奇不仅数量比较多，而且内容精彩，故事动人，文辞华丽，有些作品确实具有高度的文学价值。

陇右奇葩
文化特色

■ 陇右小说读本

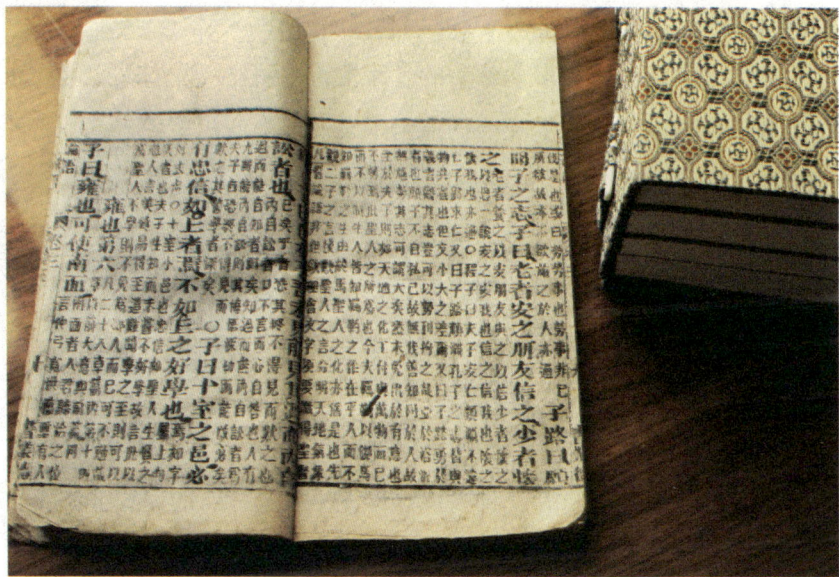

李梦阳的《自书诗》局部

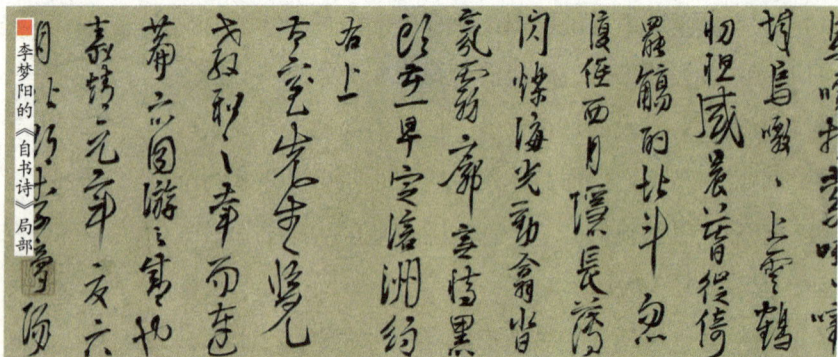

《关右经籍考》《陇右著作录》《陇右方志录》《陇右金石录》等，共收文献3000余种、诗10000余首、文8600多篇，刊载陇右作家2000余人。其中，秦嘉、赵壹、王嘉、权德舆、李梦阳、胡缵宗都堪称大家。临夏《花儿》等口传文学数量在10万首以上。

陇右文学最大的特色是地域特色浓郁。

首先，西部戎风与雄浑劲健的风格鲜明。陇右各民族粗犷豪迈的气质和身处的恶劣的生存环境，使其更易对陇右地域广袤的风光产生审美的冲动。大漠、孤烟、长河、落日、阳关、古道等迥异于江南杏花春雨的意象，形成了陇右文学雄浑劲健的风格。

其次，东西交流与多元荟萃的过渡性特色明显。陇右文学是在东西文化、游牧文明与农业文明的撞击中发展起来的。这种多元荟萃性构成陇右文学卓有特色的文学景观。

再次，民族风情与直率的情感相交织。陇右各民族的审美心态较中原单纯，习惯于呈现自然的原态色彩，如"男儿欲作健，结伴不须多。鹞子经天飞，群雀向两波"。在真率自然之中，形成自己的抒情深度。

创作思路上，传统诗学讲究"抒情宜隐"，陇右民族则显得直露。但是换一个角度，在此种"比兴寄托"已成套路的程式下，陇右文学少此构思，反而铸就了其抒情直露的特色。

最后，黄土气息与拙野质朴的美感浓烈。陇右独特的审美心态和创作思路的"单纯性"与陇右先民剽悍的尚武气质、粗犷的民风相结合，与浓浓的黄土气息相结合，再加之于雄浑之气、直率之情，自然形成了陇右文学拙野质朴的美感。

陇右文学在我国古代文学中占有重要地位。

一是拓展了中国文学的总体结构。在黄土地上孕育并经历代各民族不断创造和传承的陇右文学，带着北方民族特有的生命力和朴野。

二是丰富了我国文学的内在特质。陇右人写边塞诗，没有苦涩相，而多有奔放、从容的风度。

李益是甘肃武陵人，769年，李益中进士。他是非常著名的边塞诗人，可与大诗人李白、杜甫、王昌龄等相媲美。他大量的诗作是反映边塞征战生活的。

在他的边塞诗里，他不只是描写了陇头寒月、风中大漠、南归塞

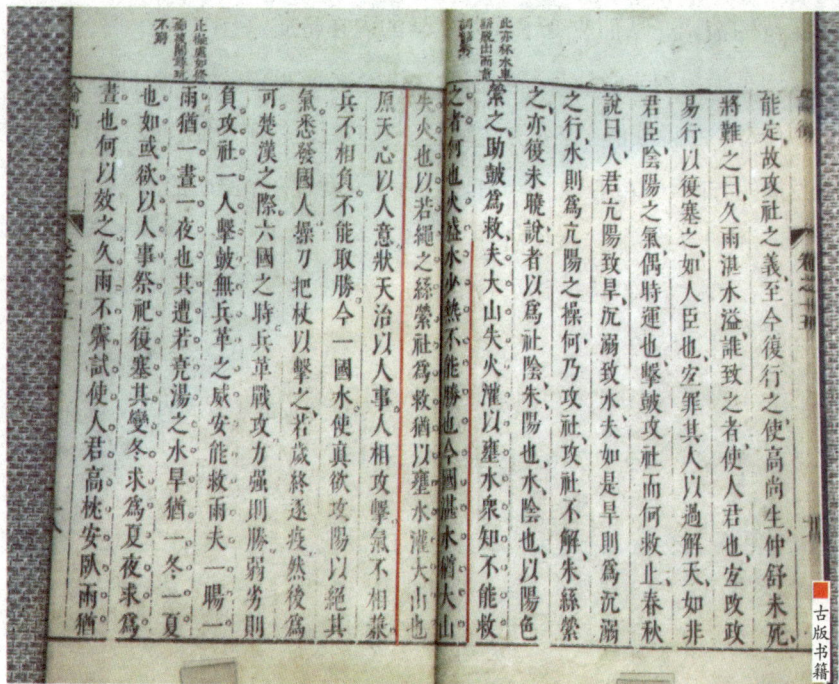

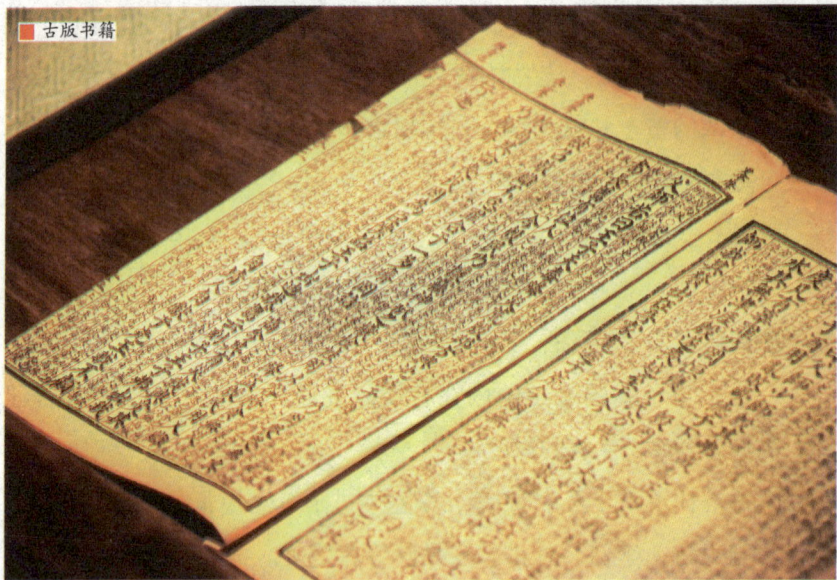
古版书籍

雁等边塞风光，还歌颂了边防将士的英勇斗争和献身精神。

抒情身份的主客移位，使全诗情调尽变，于旷远辽阔中露出几份田园诗的情调，从而改变了我国文学的内在特质。

三是为我国文学注入新鲜血液。讲经文、变文、诗话、曲子词、话本、传奇、小说等俗文学都是先盛行于陇右后流行于中原，改变了当时文学发展的方向，如讲唱文学与古代白话小说就是一个鲜明的例子。

阅读链接

《秦风·无衣》是《诗经》中最为著名的爱国主义诗篇，它是表现秦代人抗击西戎入侵者的军中战歌。在这种反侵略的战争中，秦国人民表现出英勇无畏的尚武精神，也创造了这首充满爱国主义激情的慷慨战歌。

全诗感情激荡，气势非凡，表现出一种慷慨雄壮的爱国主义激情，是一篇不可多得的爱国主义诗章。

多姿多彩的传统舞蹈

　　陇右是个多民族聚居地区，很多少数民族都有着自己独具特色的舞蹈文化。

　　远古时期，天水曾是诸戎、羌人生活繁衍之地。天水以其悠久的历史，灿烂的文化和特殊的地理位置，在我国历史上写下了光辉灿烂的篇章。

　　天水社火也叫"秧歌"，它是天水各种民间民俗歌舞形式的总称。

　　天水的社火民俗多姿多彩，如与胡笳密切相关的秦州夹板、远古民族巫舞的余韵——武山旋

社火表演

■ 社火高跷表演

塞外江南

陇右文化特色与形态

眉户 又称"迷糊""迷胡""曲子戏"，或称"弦子戏"，是陕西的主要戏曲剧种之一。眉户以其曲调委婉动听，具有令人听之入迷的艺术魅力而得名。

鼓、元杂剧的活标本——武山秧歌、富有江南韵味的秦安蜡花舞、雅俗共赏的秦安小曲，以及其他极富民族特色和地方特色的山歌小调、说唱艺术等，它们凭借天水社火的形式得以保留。

天水社火历史悠久，源远流长，与远古人类劳动、祭祀、军事等生活息息相关。在天水，社火又称"秧歌""烟歌"，从另一方面反映其起源与人类生活劳作紧密相关。

天水社火反映劳动以及日常生活内容、场景、感受的占绝大多数，其内容及所展现的生产力发展进化、生活观念的改变充分体现劳动生活是天水社火起源之一。常常与一定的山野劳作、田间劳动、草场放牧相联系，大体上反映了一定的劳动生活。

天水社火多方融合，包罗万象，吸收了各个时代各个地区的社火精华，可以说是民间文化艺术的集大成者。内容上有古有今，或借古喻今，或借古讽今。多取材于古代神话传说、历史故事、传统戏曲。

节目规模有大有中有小，民众参与性强。

大型的如以唢呐或锣鼓点伴奏的大型舞蹈《秦州夹板》《武山旋鼓》《轩辕鼓》《大秧歌》《高腰伞舞》以及有固定曲调伴唱的《蜡花舞》等。

往往有数十人乃至上百人参与演出；中型的数人或10多人演出；小型的如独角演唱，一般都有专门的曲调，如《牧牛》《钉缸》《擀荞面》等；小场表演的歌舞小戏，则常用一男一女表演，各有专门的曲调，相互对答。也有角色分工较细的小剧或折子戏，形式风格多种多样，多元包容。小曲小调、山歌、情歌，独唱、对唱、表演唱，小剧、折子戏，舞蹈、武术甚至杂技等都可纳入社火表演。

天水社火小调在自己已经非常丰富的各种唱腔的基础上，又吸收了陕甘秦腔、陇剧的嘛簧、陕西眉户及碗碗腔、临夏甘南的花儿等各种唱腔的精华，小调唱腔丰富多彩，表演音乐节奏明快，旋律流畅、优美，普及面广，几乎人人能演、人人能唱，老少咸宜、雅俗共赏。

天水旋鼓是原盛行于武山县滩歌、龙泉乡一带的汉族民间舞蹈，俗称"羊皮鼓""点高山"。

旋鼓是舞蹈中的主要道具，其以铁圈为箍，鼓面为精制的羊皮做成，外形如一面大葵扇，扇面直径一般在0.3米左右，厚度仅一毫米。鼓面上绘有花纹图案，下置一柄，柄端缀以铁环或小铜镲，用藤条做

■ 社火竹马表演

的鼓鞭敲击鼓面时，震动铁环与小铜镲频频作响。

天水旋鼓表演少则10多人，多则上百人或上千人，以男性青壮年为主。

表演时，舞者左手持鼓，右手握鼓鞭，或敲鼓心，或敲鼓边，边敲边舞，鼓点变化多端，舞蹈动作粗犷，技巧复杂，旋转自如，队形纵横穿插自如，形如风，声如雷，充分显示出天水儿女刚健豪迈、乐观向上的精神风貌。

秦州夹板舞也称打夹板，是祭神古乐的延续。秦州夹板舞主要分布在天水秦州地区。秦州夹板舞主要用于"朝山会"祭祀活动，后发展成为民间社火表演形式。

表演秦州夹板舞时，数十名身着黑衣黑裤、腰系彩绸带、头结布巾的男子，个个手持云阳板，在黄罗伞盖、飞龙旗、飞虎旗、五色旗的引导下，在锣鼓并吹奏乐伴奏下，在震耳欲聋的自制铁炮声中起步，列队沿街行进。

秦州夹板舞是天水朝山会上最引人注目的内容，夹板舞实质上形同民间庆典，是一种古老又独特的舞乐。夹板用红椿或槐木制成。

秦州夹板舞打夹板过程中，附有旋转的舞技，具有刚劲的秦风，"噼啪"作响的夹板伴以鼓、钹、锣、箫、唢呐等民族吹打，显得粗犷豪放。

天水是秦代人的发祥地，而那一袭黑衣黑裤、雪白绸带束腰的秦州夹板鼓队伍，神情肃穆，动作简洁，起、承、转、合，举手投足间无不透露着一股秦风古韵，使人击节而叹，激赏不已。

庆阳徒手秧歌以其浓郁的地域性、悠久的传统性和独特的艺术性，成为甘肃代表性民间舞蹈。

庆阳徒手秧歌抛开了舞蹈中道具对人的束缚，充分发挥了灵巧而又善于表达情感的双臂双手的作用，把人们内心世界奔放的热情，淋漓尽致地表现出来，充分显示出陇东黄土高原人民勤劳、憨厚、直率、诚朴的气质和性格。

远在殷周时期，庆阳就产生了咏颂社会生活的诗歌，现存于《诗经》中的有《豳风·七月》《大雅·公刘》《小雅·采薇》《豳风·东山》等，或表现劳动人民的苦乐，或抒发戍卒思乡之情，或咏怀周先祖功德。

■乐器演奏

■ 徒手秧歌

周先祖在庆阳黄土高原创立了农耕文明，由此演绎成灿烂的"农耕文化"。

作为农耕文化之乡的庆阳民间舞蹈，无论是舞蹈的内容及形式，还是活动的时间与组织形式，都和农耕生活紧密结合，并体现"天人合一""顺应自然"的思想，反映了古老的黄土地沉淀着博大深厚的农业文明。

徒手秧歌与宗教祭祀有着密切的渊源关系。巫术是原始的宗教，是古代神文化的重要组成部分。原始社会"巫"与"舞"相通。在徒手秧歌中仍可看到"巫"文化的成分。徒手秧歌中的丑婆很大程度上也是根据祈雨的女巫演化而来的。

另外，古时候的庆阳是戎、羌，狄、匈奴等多民族的聚居地，由于各民族长期居聚一地，所以他们不仅在物质生产方面相互影响，在文化形态的艺术领域里也相互融合。

从徒手秧歌中可以看出这种多民族的艺术风格。如秧歌中的男性动作"骑马蹲裆步""摆臂弓箭步"等舞蹈动作古朴原始、剽悍雄健。这也是北方汉民族长期受到草原民族尚武精神影响的结果。

徒手秧歌源于农业劳动,也是庆阳人民在农业劳动中创造的。

徒手秧歌的许多舞蹈动作都与农业劳动有直接的关系,如基本动作之一"蹬跨步",就与人们在生产劳动中稳健刚劲、以大跨步为主的步伐有着直接的关系,这个基本动作也使徒手秧歌中脚的基本动作不同于其他秧歌风格,显得古朴、粗犷、豪迈。

由于人们在劳动间隙,自娱自乐,田边地头随意起舞,不必准备任何道具。人们擦汗时用的是臂膀,抹泪时用的是手背,高兴起来也只有甩动双臂双手来表达他们的心情,便形成了徒手表演这一形式,而且

秧歌 汉族舞蹈,在我国已有千年的历史,明清之际达到鼎盛。其源于插秧耕地的劳动生活,与祭祀农神,祈求丰收所唱的颂歌有关。秧歌盛行于我国北方地区,主要在正月十五元宵节时在广场上表演,是一种集歌、舞、戏为一体的综合艺术形式,非物质文化遗产。

■ 徒手秧歌

■ 徒手秧歌

云肩 也叫"披肩",是从隋代以后发展而成的一种衣饰,常用四方四合云纹装饰,并多以彩锦绣制而成。云肩的制作一般做成两层8片垂云,每片云子上或刺绣花鸟草虫,或刺绣戏文故事。

庙会 又称"庙市""节场",是指在寺庙附近聚会,进行祭神、娱乐和购物等活动,是中华文化传统的节日风俗。它的产生、存在和演变都与人们的生活息息相关。

一代一代的承袭下来,成为具有显著地域特征的民间舞蹈。

徒手秧歌主要是手臂的动作特别的突出和丰富。主要有甩臂、缠臂、绕臂、抻臂等动作。甩臂又分"小甩"和"大甩"。

秧歌队还有动作口诀,如:"大甩有劲利索,小甩轻松软和儿。"

意思是做"大甩"动作时臂膀要迅疾有力,做"小甩"动作时要细腻柔美。"十字步大甩"的口诀是"头在心心上,脚走边边上",即要求做动作时头始终保留在"十"字的中轴线上,脚踏着"十"字形的边缘蹬跨踏步,这样整个身体都扭摆起来了。

缠臂是双臂或前或后总是绕在身体上,动作的外部姿态在其内在韵律的推动下,始终是一个绵延不断,流动转换的过程。抻臂的完成含有扣、推、挑三种韵律,但总的律动是体现在这个"抻"劲上的,再和身体的拧扭相配合。

云阳板舞是陇西县民间团体舞蹈，已有1600多年的历史，以柔美矫健、干脆飒爽的表演风格著称于世。因其道具由传说中八仙之一的曹国舅所持法宝"云阳板"演变而来而得名。4片板为一副，内贯铜钱，装饰有精美图案，拍击脆响。

每年农历四月初八，陇西仁寿山都要举行万人朝山盛会，云阳板舞便是朝山庙会的主要内容。

这一天，男女老少倾城而出，四乡农民也远道而来，仁寿山上人流如云，热闹异常。各村都要组织云阳板表演队，表演队由8人组成，称为"朝山队"。

表演人员头梳双髻，身穿五彩斑斓，类似仙童的装饰，披云肩，系战裙，足登蓝线编织的战鞋，足尖一颗大红缨，步履轻盈，装束洒脱。舞者手持云阳板

八仙 是我国民间广为流传的道教8位神仙。明代之前，名称不一，汉代八仙、唐代八仙、宋代八仙，明代时始定为铁拐李、汉钟离、张果老、何仙姑、蓝采和、吕洞宾、韩湘子、曹国舅8人。

■ 云阳板舞塑像

作为舞器，双手各持两片下端，排成双行，两人一列，做对称式挥舞行进。

旗队前导，锣鼓队奏拍，舞者随乐器节奏，大跨3步向前对齐，拍板举成"人"字形时，一足蹬空鹤立，接着大锣"咣"的一响，足即落地，舞板随之齐拍"啪嗒"，节奏整齐，极有韵致，时而舞板着地，铿锵有力；时而舞板互拍，金戈齐鸣；时而舞板划空，风声呼啸，好似天兵天将下凡，令人眼花缭乱。

朝山队所执的八面大旗上的图案分别为龙、狮、虎、豹、星辰、朱雀和玄武。云阳板、清光伞和巨幡上的花纹图案都是道家特有的太极图、云头环，所着服饰也为道家仙童打扮。

早先云阳板的表演要分大、中、小三组，至少应由64人组成八八六十四卦的图形，表演过程中随旗幡的指引，不断变幻为阴阳五行和八卦太极图势，以求神祈雨。从唢呐吹奏的乐曲看，是典型的我国民间五声调式，而且与道教及其活动音乐旋律极为接近。

阅读链接

社火是我国西北地区古老的民间艺术形式，是指在祭祀仪式和节日里迎神赛会上的各种杂戏、杂耍表演等。

陇东社火和全国各地社火有着共同点，产生的年代可追溯到远古时代，起源于古代祭祀仪式，也是人们表达对神灵的虔诚和敬仰之情的一种方式，陇东社火的许多秧歌队保留着许多传统的习俗。

在吃完"腊八饭"后便敲起"腊鼓"准备排演社火。正式排练时，有社火头组织在当地的土地庙进行"拜将"，一年一度的社火排练由此开始。从陇东秧歌的许多队形图案变化规则可以窥见很多陇东社火的痕迹。

活灵活现的道情皮影戏

陇东皮影—石姬娘娘头茬

　　道情是我国曲艺的一个类别，源于唐代的《承天》《九真》等道曲。南宋时期开始用渔鼓、筒板伴奏，故又称情渔鼓。至清代时期，道情同各地民间音乐结合形成了同源异流的多种形式，陇东道情就是其中之一。

　　道情多以唱为主，以说为辅。有坐唱、站唱、单口、对口等表演形式。

　　陇东道情历史悠久，源于环县一带。最早是以道家故事为题材，在道观庙宇进行演唱，其传统的艺术形式，多为一人说唱，众人帮唱，说唱相间，以唱为主。

　　艺人怀抱渔鼓、手执简板，说唱环境不受任何场地

塞外江南

陇右文化特色与形态

限制，田间地头、庭舍院落均可说唱。其伴奏乐器由渔鼓、简板衍变发展，增加有二股弦、唢呐、笛子等。

环县隶属甘肃庆阳，曾是匈奴、羌、戎、狄等民族交往及古老秦陇文化和多民族文化相互碰撞融合之地，文化底蕴深厚。环县道情皮影是道情与皮影相结合的产物。

在千百年的发展演变中，广采博纳，吸取了陕西道情皮影和本地民歌、小曲的营养，并融合了内蒙古、宁夏、陕北等地的民歌、民乐、说书等艺术形式，借鉴戏曲的叙述与演出手法，形成了以悠扬激越的道情为演唱曲调。

以精雕细刻的皮影为表演形式，以历史故事、民间传说、乡土风情、宗教民俗等为主要表演内容的综合性民间艺术，具有非常鲜明的独特之处。

皮影是道情皮影戏的主要表演道具，俗称"线子""牛皮灯影""影子戏"，用牛皮刻制，形象有

皮影《小货郎》

唢呐 又名"喇叭"，是我国一种民族乐器。在木制的锥形管上开八孔，管的上端装有细铜管，铜管上端套有双簧的苇哨，木管上端有一铜质的碗状扩音器。发音高亢、嘹亮，过去多在民间的吹歌会、秧歌会、鼓乐班和地方曲艺、戏曲的伴奏中应用。

人物、动物、神怪，大小场景等。

造型极为丰富精美，人物造型按戏曲的生、旦、净、丑行当设计，一般分为黑忠、红烈、花勇、白奸、空正、实丑，体现出头大身小、上窄下宽，手臂过膝的特点。构思奇妙、形态多样，彰显出我国民间艺术夸张写意的特征。

陇右皮影主要流行于庆阳、平凉、天水一带，尤以陇东皮影风格独特。陇东皮影雕工精细，造型个大，色彩明快，夸张奔放，着色以黑、红、黄、绿为主，对比鲜明，尤重图案装饰。

环县皮影是陇东皮影的典型代表。陇右皮影以秦腔、眉户唱腔为主。据史料记载，唐天宝年间，陇东一带就有皮影演出。

雕刻则借鉴了民间剪纸的传统手法，按照制皮、过样、雕刻、着色、出水、装订等工序进行，以线

■ 皮影戏道具

■ 皮影戏人物

条镂空进行刻画，以阴刻、阳刻区分不同人物性格。

在挑线表演时，影人的坐卧行走、翻转踢打、提袍甩袖、腾云驾雾、上天入地、身首分家等动作，都能做到形象逼真，栩栩如生，并达到"死戏活演""假戏真做"的艺术效果。

环县道情皮影戏的表演特点是唱念做打全由一人完成，以灯光下的"纸亮"为舞台，人物布景、道具均用优质牛皮精心刻制、着色而成，色彩鲜明。乐器伴奏集中于后台，演唱挑线者端坐前台，通过挑线使牛皮影人映透纸亮，同时进行剧中各种角色的演唱和人物的挑线操作。

皮影表演俗称"耍线子"，是前台艺人的拿手绝活，所谓"一口唱尽天下事，双手对舞百万兵"。

戏班的核心人物"前台"坐于屏幕前，双手操持所有影人的表演，做出坐、卧、行、走、踢、打、翻转、提袍甩袖、腾云驾雾等各种动作，并包揽所有角色的道白和演唱。

后台人员每人掌握两三件乐器进行伴奏，同时兼顾次要角色的道白、兵卒、武士等呼威和帮腔，操用西北方言、甘肃话或当地口语，具有浓郁的地方特色。

环县道情皮影雕刻精细，风格古雅，兼收并蓄民间剪纸、石刻、雕塑等艺术手法，创造了与众不同的独特的艺术造型和风格。它的人物造型风格主要有两种，一种粗犷浑厚，粗中见细，称"尺线"；一

陇右文化特色与形态

种精雕细刻，小巧玲珑，称"寸线"。

在镂刻手法上，采用正侧面塑造和散点透视来表现人像的侧面、斜侧面、正面、俯视、仰视等多角度特征。镂刻男女也有区别。

男性眼大身高，蒜头鼻子，窄胸部；女性弯眉凤眼，樱桃小口，通天鼻，无乳房，有唐代仕女的特征。

还采取不同的镂刻造型手法，活灵活现地表现各种人物性格，正面人物用阳刻法刻成空脸，反面人物用阴刻法刻成实脸，英雄人物刻成豹头环眼、燕颔虎须，表现其勇猛刚直；正直人物刻成蚕眉凤眼，表现其赤诚潇洒；小姐、姑娘刻成直鼻梁、高额头、弯弯眉、线线眼、樱桃小口，表现其善良美貌；奸诈人物则刻成面白目小、颔突嘴凹，加以丑化。

此外，道具、景物也雕刻得十分精致，惟妙惟肖。帝王的殿宇雄伟壮观、富丽堂皇；龙车凤辇斑斓多姿、珠光宝气；宫廷内苑清秀雅致，花园亭台生机盎然。此外，神仙佛祖、妖魔鬼怪、奇禽异兽、梦幻仙境等，设计构图想象力丰富，刻制手法异常奇妙。

■ 皮影戏《西天取经》

环县道情皮影戏的音乐特点是高亢激昂，婉转悠扬，节奏明快。以清唱伴奏相间，很强叙述性的说唱与"前台"一人领唱、后台众人帮唱，具有高度抒情性的"嘛簧"最具艺术感染力，其音调亢圆润，悠扬激越，节奏自然，旋律优美，具有浓郁的乡土气息。

长达三四个小时的唱腔道白，全由主演一人男腔女调来完成，演唱念做，声情并茂。

环县道情皮影的唱腔高亢激昂、婉转流畅、节奏明快，唱词既哲理自现，又佳句百出；既悠扬婉转，又神韵和谐。唱腔属板式变化体，为徵调音乐。

传统的板式归纳起来主要有两大板路，即飞板和弹板；四大调式，即花音飞板、花音弹板，伤音飞板，伤音弹板。

这种快慢、花音相间的板路是环县道情皮影戏唱腔的基本调式。文乐管弦丝竹，多用于抒发情感，表

塞外江南

陇右文化特色与形态

■ 皮影戏戏曲人物

达人物喜怒哀乐的心理
活动，武乐锣鼓铙钹，
多用于渲染气氛，表达
人物行为动作，也指挥
文乐。

环县传统道情剧本
主题多以反对异族入
侵，惩治贪官污吏、歌
颂忠孝节烈和男女爱情、除暴安良为题材。

环县是一个"山童水劣、世罕渔樵、秋早春迟、风高土燥"的偏
僻地域，境内沟壑纵横，山峦起伏，交通不便，信息闭塞，文化生活
贫乏，但是土生土长的环县道情皮影戏给当地人带来了不可缺少的精
神食粮。

阅读链接

道情音乐比较丰富，原有72个套曲和100余种曲调，其唱腔
是为利用诸宫调的某些曲子互相连缀起来，组成有层次的大型
唱段。

每种套曲有"正、反、平、苦、抢、紧"6种不同的曲子。
唱腔是根据需要来临时组合的。例如："耍孩儿"的结构就包
括"正耍孩儿""反耍孩儿""平耍孩儿""苦耍孩儿""抢耍孩
儿""紧耍孩儿"6个曲子。

这"正、反、平、苦、抢、紧"各有不同内容："正"表
示用正调演唱，一般用正调演唱的曲调为"商"字调；"反"
表示用反调演唱，一般用反调演唱的曲调为"徵"字调；
"平"表示一般正常的情绪，"苦"表示愁苦、凄凉的情绪，
两者皆用正调演唱；"紧"表示唱腔结构紧凑，"抢"表示唱
腔结构喜悦、轻快。

富有民间色彩的陇剧

陇剧是甘肃独有地方戏曲，原名"陇东道情"，起源于汉代的道情说唱。

陇东道情历史悠久，唐代陇东地区建有道观，道教音乐繁衍不

陇剧场景

断，明清以来在道教音乐基础上，民间艺人逐渐吸收当地民间音乐营养，增加了股弦等乐器，演变为以皮影形式流传在陇东环县、华池、庆阳一带的陇东道情。

清代同治年间，环县著名道情艺人解长春的皮影班曾在宁夏、内蒙古、陕北以及当地流动演出多年，颇受人们欢迎。

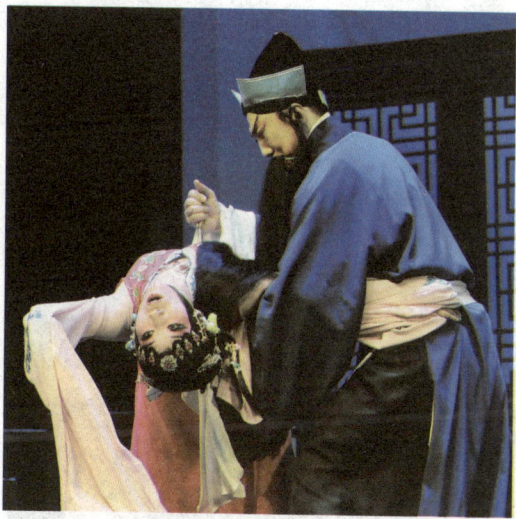

■ 陇剧《血溅乌龙院》

解长春毕生致力于道情演唱和皮影技艺的革新，将原来用的两股弦改为4股弦，在木梆上加个小铜铃，每敲一下，梆铃并响，称为"水梆子"。在他的传授和影响下，人才辈出，陇东道情进入兴盛时期。

陇剧表演艺术讲求真实，重视从生活出发，以细腻的手法刻画人物的内心世界。陇剧表演动作吸收了部分皮影的侧身造型，如侍卫警戒多用大侧身剪影姿势。

啼哭动作更为别致，人物左袖垂射，右手以袖掩面，大侧身晃动腰肢，前俯后摇，抽搐而泣。舞台美术借鉴皮影镂空、彩绘、装饰手法及旦角高髻燕尾头饰等，形成独特风格。

在舞台美术方面，也有自己的特点：

一是，旦角化装舍弃了传统的大包头造型，以皮影人的高髻燕尾为基本式样，又仿照敦煌壁画中唐代妇女的发式，加以糅合，设计出单髻、双髻、弯髻、

旦角 是指戏曲中的女性形象，可分为青衣、花旦、刀马旦、武旦、老旦等类别。青衣是指那些端庄稳重的中青年妇女。花旦是指那些年轻活泼俏俐的小家碧玉或丫鬟。刀马旦是指那些女将或女元帅。武旦是指那些身怀武艺的江湖女子或神怪精灵。老旦是指那些老年女性。

陇剧《血溅乌龙院》

塞外江南

陇右文化特色与形态

砌末 也称"切末"，是戏曲舞台上大小用具和简单布景的统称，像文房四宝、灶台、马鞭、船桨，以及一桌两椅等。砌末不独立表现景，它在舞台上首要的任务是帮助演员完成动作。

箭衣 是古代射士所穿的一种紧袖服装。袖端上半长可覆手，下半特短，便于射箭。另外，它还是戏曲舞台上扮演帝王、驸马及高级武官的军常服。它的造型是清代蟒袍的原型，又称"龙箭袖"。

环髻等多种独特的燕尾发髻式样，前贴鬓角，后拖伞辫，大体接近古代妇女的化妆扮相。

二是，服装摆脱了戏曲传统风格，重新设计了花纹式样，打破了蟒、帔盘龙舞风格局。图案富于变化，款式重大方，色彩尚雅洁。裙子、箭衣等均以素净绣边为主，不取满身花团锦簇章法。靠、铠等则以庙塑神像装束为样本。

三是，布景和道具保留了皮影砌末的风格。

陇剧的音乐既粗犷明快、悠扬婉转又深沉哀怨、诙谐风趣，具有浓郁的乡土气息。唱腔音乐中风味尤为特异的是滚白、唱音和嘛簧，滚白的衬腔乐曲曲调旋律较强，具有鲜明的佛道诵经色彩，听起来柔缓悲切，情深意沉。

唱音不仅构成别致的紧拉慢唱的表演形式，而且尾部拖腔旋律起落变化大，角色的心理感情表现得真切细微，扣人心弦。嘛簧是众人承接唱词末尾一个字的字音帮唱，常把听者带进一个幽静而又波动的意境。

陇剧音乐属于板腔体式，分"伤音"和"花音"两大类，伤音曲调深沉委婉，适于抒发哀怨的情感，因此又称"苦音"或"哭音"；花音曲调活泼跳跃，善于表达喜悦的情感，故又称"欢音"。

陇剧唱腔没有严格的节拍，比较自由明快，说唱性较强。弹板是陇剧音乐的主要板式之一，板头和大过门规整、四方，唱腔由多种节拍型混合组成，有特定规律。小过门的第一拍，一般都重叠在唱句的末尾一字上。弹板簧舒展、流畅、优美动听，最有特色。

速度一般是中速，稍慢，更适于抒情和叙事。飞板唱腔和弹板有共同之处，也是由多种节拍有规律地进行。小过门的第一拍重叠在唱句的最后一个字上。曲调尾首的拖腔简短而有特色。

飞板的速度稍快，唱腔更富于说唱、叙事性。伴奏乐器，管弦乐有四胡、二胡、琵琶、扬琴、笛子、唢呐等；打击乐有渔鼓、简板、水梆子、小锣、大擦、铰子、堂鼓、战鼓、板鼓等。后又增加了琵琶、二胡、笙、板胡、扬琴、提琴和一些铜管、木管乐器，丰富了陇剧音乐的表现力。

陇剧的演唱方式比较自由，曲调流畅，节奏明快，近似说唱。曲调尾首的拖腔叫做"簧"，唱时称"嘛簧"，嘛簧悠长婉转，韵味浓厚，富有地方色彩。

在陇剧的发展过程中，为了表现和突出陇剧的特色，根据陇剧音乐细腻、优雅、缠绵、抒情的特色，确立了以小生、小旦、小丑"三小"为主兼顾其他的角色行当体制。

在"三小"行当的创建中，除了选择其他剧种有关这些行当的表演适合陇剧需要的程式以外，着

陇剧中的花旦

戏剧人物

重从民间艺术，特别是陇东秧歌、社火等表演中，提炼、规范、创造出陇剧"三小"行当的表演程式，如"地游子步""风摆柳步"等。

陇剧的角色行当主要有：生行：包括小生、须生、老生；旦行：包括小旦、正旦、彩旦、老旦、武旦等；净行：分大妆与二净两行；丑行；分官衣丑、公子丑与小丑等，均以粉底定妆，勾画丑脸装扮。

如果说环县道情艺术是一枝生长在这纵横沟壑的"陇上奇葩"，那么陇剧就是这枝奇葩结出的硕果。

在保持道情皮影的基础上，吸收秦腔、越剧、昆曲、黄梅戏、秧歌剧等戏剧之长，在音乐、唱腔、表扬等方面有了可贵的创新，最终形成了节奏明快、曲调婉转动听、表演细腻优美、富有民间色彩的独特风格。

阅读链接

陇东道情在形成之初蕴涵着浓郁的宗教色彩，如同源于道教音乐；其常在道观庙宇中演出。

在后面的发展过程中，渐渐突破了道教思想的羁绊和束缚，成为深深扎根于民俗演唱内容无所不包的民间艺术形式。

但是从陇东道情的唱腔、表演形式，以及伴奏乐器和剧目中，仍然可以看到宗教文化，特别是道教文化的痕迹，陇东道情与道教文化有着千丝万缕的联系，很多体现在其道德教化和审美品格中。

感染力丰富的高山剧

高山剧是陇右地区武都鱼龙的一个古老戏曲剧种。鱼龙乡人民叫它"演故事""走过场""哟嗬咳"。武都县隆兴、甘泉等地人民叫它"耍灯""耍社火"。

其唱腔曲牌武都安化、马街、金厂、龙坝等乡镇，以及西和县、礼县的边境地区都有流传。后来，人们又将之称为"武都地方戏""武都曲子戏"。

相传，高山剧因源于陇南高山地区而得名，最早出现于元末明初，至今已有600多年的历史。高山剧是在武都地区鱼龙民间说唱、歌

戏剧人物

■ 戏剧人物剧照

舞表演共存的师公祭神活动中孕育、融合、发展而成的。

鱼龙与周边乡镇的民歌、社火等民间艺术形式是高山戏唱腔、剧种形成的重要的艺术源泉。

鱼龙地区偏远，经济文化相对落后，正由于此，鱼龙人对神灵无比的虔诚与崇敬。他们每到一定月份，多是每年的农历七月、八月、十月，选好吉日，念经、赞神，目的是通过赞美之辞让神灵高兴，以保来年的风调雨顺、五谷丰登、国泰民安。

在物质、特别是精神生活都贫乏的鱼龙人心中，一定时日的师公祭神活动就成了他们精神生活的唯一寄托。

在这个少有的集体性活动中，他们或旁观或参与到师公子的敲锣打鼓、连跳带唱中，心理上既有了神灵保佑下的慰藉；又有了自娱自乐的快慰，同时又多少缓解了辛苦劳作后的疲乏与苦闷。

鱼龙地区民歌种类繁多。依据其表现形式，大致可分为：社火曲、山歌、回牛歌、酒歌、打夯号子和春官说春曲。这些唱曲旋律流畅自然，结合当地语音演唱抒情味很浓。

由于民歌与人们的生活息息相关，联系密切，所以很受鱼龙人的喜爱。当鱼龙的民间祭祀活动由一两个人的参加逐渐发展至多人参与后，鱼龙的民歌便在有意与无意中被人们融入师公演唱的祭祀神曲之中。这样一来，融跳唱、说演为一体的"师公舞"自然而然地成了孕育高山剧文化的土壤。

高山戏表演时，炮手首先登场，他手持的三眼铳铁炮，要连续放3次：第一声炮响，是通知在家的演员化妆；半小时后的第二声炮响，是催促演员在戏场里集合；第三声炮响，便是"出灯"，即每户有一人提一盏灯笼，跟在演员身后，排成一条长长的灯笼。

出灯后，演员队伍在锣鼓声的伴奏下，沿村庄周围转一圈，叫"园庄"。然后集中在打麦场或空地里，由举着写有"风调雨顺""国泰民安"方灯的演员带头，紧跟着舞龙、舞狮的队伍，其他演员和掌灯人员随后。

147

■ 戏剧人物花旦

■ 戏剧人物老生

演员中的小生和丑角头戴"亮壳子"，身穿长袍，手拿牛尾刷，脚蹬靴子，旦角头戴花冠，身穿彩裙，脚蹬花鞋，手摇纸折扇。在锣鼓点子的伴奏下，边跳边唱，男的牛尾刷上下翻舞，不时转身挽一个"花子"，女的则配合男的踏花步。

"花子"绕完，男的转身朝前方，女的依着男的也后转身，依次反复，有条不紊。

同时，伴唱的曲子有《校场点兵》《十二大将》，声调铿锵有力，气宇轩昂，大有英雄出征的气概。演员们边跳、边唱，边跟着龙头转圈，圈子越转越小，到无法再转时，龙头一回，圈又开始退出，最后离开，在地上便留下了整齐均匀的"营盘"。

走完营，便开始舞龙、舞狮、划旱船。之后，演员们便随着龙头回到戏场。这时，三眼铳炮又响了，高山戏的演出便正式开始。

第一个节目是"灯官打茬"。灯官由村民公推的品行端正，有威望者担任。灯官用顺口溜说一些风调雨顺、国泰民安和恭喜发财、家和万事兴的良好祝词。灯官说完，便是打小唱。小唱完毕，正戏就开演了。

高山剧的唱腔和表演是高山戏的一大特色，十分好听和好看，其表现力和感染力比起秦腔、陇剧也毫不逊色。

高山剧的唱腔有"开门帘""过板""哭腔""曲曲""花花""耍耍""盏盏""二黄"等十余大类，每大类中又有若干小类。这些唱腔曲调挺拔高亢，委婉悠扬，明快活泼，朴素健康。

后来，又在原有唱腔的基础上，又吸取了花儿和陇剧的一些音乐元素，对唱腔进行了大胆改革和创新，但又不失原有唱腔的基调和风韵。

比如在《山村别》中桃妹出场时的唱腔：

身披花雨出山村，回首家门一望中……
亲情呼唤心颤动，双脚难移泪洒胸。

把桃妹与婆婆难分难舍的情状表现得非常强烈，唱腔高亢激越，使人身心震颤。

高山戏的表演形式独特，舞姿别致，动作质朴飒

旱船 是民间表演艺术形式之一，这是一种模拟水中行船的民间舞蹈。"旱船"是依照船的外观形状制成的木架子。在船形木架周围，围缀上绘有水纹的棉布裙或是海蓝色的棉布裙。船的上面，装饰以红绸、纸花等。

■ 戏剧人物扮相

爽，其生角以"跳""摇"为主，旦角偏重"扭""摆"，故称"刷戏灯"和"演秋哥"。后来，为了适应表演生活的需要，在虚拟性和象征性表演的基础上，向写实化与生活化方向靠近。

高山戏的舞蹈动作最初主要是原始巫舞"师公舞"。所谓"师公"，即觋公，为男巫，后衍化为"师公"，师公舞衍化为"把式舞"。当由男子扮演的"女人"参与到舞蹈中后，就打破了祭祀神灵时应有的庄严、肃穆与神秘，使其功能由祀神、娱神向娱神与娱人、自娱的转变，便产生了 "把式舞"。"把式"是对精于某一技能的人的尊称。而高山戏中的"把式"，是对精于高山戏跳、摇、扭、摆等舞步的男演员的称呼。

师公祭祀原本是一两个人的跳唱，发展为多人的参与后，其表演场地已从寺庙小屋转为打麦场，表演的规模扩大了。

更为可喜的是，此时的师公已能在跳唱的间隙随机敷演一些短小

戏剧人物旦角

的故事，或为逗乐嬉戏，或为教化育人。高山剧最初的演员就在此时产生了。

随着把式舞的形成及敷演故事的内容产生后，人们就更注重一些现实的东西了。

于是，民间传闻、邻里琐事变成了人们敷演故事的重要素材，并由演员装扮成角色在广场上演出。

因为其演出内容贴近生活，演员们又说又笑，真哭真闹的表演，把人们带入模仿、嬉闹、教育的快乐中去，故而乐此不疲，经久不衰，历时数百年而流传至今。

戏剧人物丑角

阅读链接

相传，1369年，鱼龙乡的老百姓在孙家沟、尹家沟、洞房沟三股山水汇合处，修建了一座大安庙和戏楼。

为纪念明代将军李文忠平洮州十八番之乱，对稳定社会、造福民众有功，就将大安庙主神改为李文忠，尊为"福神""龙王爷"，并定农历四月十八为庙会。

每逢庙会，就由各村"社火头"和"戏模子"将民间传说、故事编成唱段搬上戏楼，用当地小曲演唱，一直沿袭不断，从而促成了高山戏的形成。

韵味独特的陇右"花儿"

"花儿"是流行于甘肃、青海、宁夏、新疆等地区，由回、汉、撒拉、保安、东乡、土、裕固和藏族8个族群中，民众传唱的一种山歌，唱词浩繁，词曲优美，韵味独特，形式多样，内容丰富，是我国民族民间文化艺术长廊中的一朵奇葩。

藏族唱"花儿"

这种山歌在甘肃地区被称作"花儿"。为何称为花儿？

原因是在这些山歌中歌唱者往往将姑娘比作花儿，久而久之，人们就将这类山歌称为"花儿"。"花儿"源于甘肃临夏地区，临县地区古称"河州"，位于甘肃省西南部，隶属陇右地区。

居住在这里的汉、回、藏、东乡、保安、土、撒拉等各族群众，无论在田间耕作，山野放牧，还是路途赶车，只要有闲暇时间，都要唱上几句悠扬的"花儿"。

陇右地区的"花儿"有河州"花儿"和洮岷"花儿"之分。河州"花儿"以临夏为中心，分布在周边及青海省的10多个县；洮岷"花儿"分布在以临潭、岷县为中心的七八个县，其范围都在陇右地区。

回族歌手

河州"花儿"又名"少年"，在"花儿"中流传最广，影响最大。河州"花儿"又以松鸣岩"花儿"为代表。河州"花儿"的曲调委婉动听，基本调式和旋律有数十种，变体甚多。

形式上有慢调和快调，人们用"令"称呼。"长令"拖腔长、速度慢，倚音花彩多，有高亢辽阔的特点；"短令"拖腔短暂，节奏明快，刚健激越。曲首曲间和句间多用衬句拖腔，旋律起伏大，上行多用四度调进。

最有代表性的是"河州大令""河州三令""水红花令""白牡丹令""尕马儿令""大眼睛令""保安令"等。这些曲调在流行地区是家喻户晓的。

河州"花儿"的格律奇特，韵律别致，一三句是10个字，单字尾；二四句是8个字，双字尾，整个唱词的三音节节奏显明，富有变化。

在四句式唱词上变化产生的"折腰式"花儿，则别有风味，在

少数民族女子唱"花儿"

《西游记》是
我国古典四大名
著之一，成书于
16世纪中叶，主
要描写了唐僧师
徒4人西天求取真
经的故事。全书
故事情节完整丰
富，人物塑造鲜
活、丰满，想象
多姿多彩，语言
朴实通达，思想
境界和艺术境界
都达到了极高的
水平。

一二句和三四句的中间夹上了一个4个字的短句，造成了唱词的长短对比。

另外，河州"花儿"前两句常用比兴，后两句切题。不像一般民歌那么规整，但也更加自由畅快。

河州"花儿"以随意散唱和男女歌手的热烈对唱为主要的演唱形式。广阔的田间山野是漫唱"花儿"的天然歌场，遍布在名山古刹、森林河滩附近的"花儿会"，则是"花儿"荟萃、歌手献技竞赛的舞台。

洮岷"花儿"是西北花儿的先声，又有南北两派之分。"南路花儿"以岷县二郎山花儿会为中心，"北路花儿"以康乐县莲花山花儿会为中心。

以二郎山为主的南路派花儿"啊欧令"又名"扎刀令"，是花儿中最古老的流派，表现了"花儿"的原始风貌，曲调悠扬，朴素粗放，以淳朴、抒情为特色。

分布在岷县县城北部的北路派"莲花令"又叫

"啊花儿""两怜儿",悦耳动听,演唱时,由"唱把式"领唱,众歌手搭和音,旋律优美,气氛热烈。北路"花儿"是由南路"花儿"发展演变而来的。

洮岷"花儿"被当地群众称为"草文章",分为"本子花儿"和"散花儿"。所谓"本子花儿",指成本成套的演唱,有历史人物故事和民间传说,诸如《三国演义》《西游记》《白蛇传》等。

"散花儿"则多为歌者触景生情、即兴现编的短歌,看见什么就唱什么,想到什么就唱什么,常与野外自然景观相联系,唱词的字数、行段都很自由,经常是在生活中捕捉到一个个细节或有意思的小故事,然后唱出来。

洮岷"花儿"不论北路南路,在每首或每句起唱时都有一个称谓句,这个称谓句,有三四个字的,也有七八个字的。啊欧令演唱下句时,歌手往往重复上

■ 土族人们演唱"花儿"

■ 对唱式"花儿"

一句的句尾，再不唱称谓句，这样有时就形成了"顶真格"的形式。

洮泯"花儿"按照演唱形式，分为"开头歌""问答歌""对唱歌""联唱歌""生活歌""短歌"和"长篇叙事歌"。

"花儿"从其形成到发展，传承上一直是以口传方式延续。如果从秦汉时期，羌、汉民歌融合而具"花儿"雏形算起，已有2000多年历史。

"花儿"的口传形式有两种：一种是"花儿"歌手之间的口传；另一种是以歌传情的情人间的口传方式。

花儿歌手之间的交流与传递主要有三种途径：劳动中的花儿口传；"花儿会"上的"花儿"口传；平日歌手们的交流和民间的闲聊口传。

"花儿"的内容十分广泛，包括社会生活的方方面面，反映了各族人民的生活状态和内心世界。但爱

顶真格 它是旧体诗词中一种特殊的格式，也主是将前一句的末尾字词，作为后一句的开头。这样首尾蝉联，具有一种上递下接、回环反复的趣味。修辞学称为"顶真"。这是一种极古老的修辞形式。

情是最突出的主题。

情歌是"花儿"中最朴素、最贴近心灵、最富想象力和感染力，言辞最为优美，数量最多的一个部分。情歌"花儿"艺术水平高超，充满思想激情，体现了历代人民群众的天才智慧。

由于"花儿"的情歌性质，"花儿"在生活中存在一个禁限禁传的范围。在"花儿"流传地区，大致有3种禁唱的情况：一是不准在家中、村庄周围唱"花儿"；二是直系亲属间禁唱；三是某些带有血缘关系的亲戚之间禁唱"花儿"。

对于生长在山间田野的人来说，对"花儿"的喜欢甚至超越了自己的生命。有一首"花儿"这样唱道：

花儿本是心上的话，不唱是由不得自家；
刀刀拿来头割下，不死时还是这个唱法。

唱山歌

情歌"花儿"

"花儿会"是人们可以敞开心扉的日子，"花儿会上没大小"，正是这种自由心情的抒写。"花儿会"既是"花儿把式"们一比高下的舞台，也是年轻人寻找梦中情人的场所。

"花儿会"是上苍赐给辛苦劳作一年的人们的狂欢节，也是地区民俗与风情的真实反映。

阅读链接

很早以前，有位猎人进山打猎，看见一位美丽的姑娘在河边戏水唱歌。猎人被美妙的歌声迷住了，就悄悄地躲在树林中学唱起来，唱着唱着，不知不觉竟唱出了声。

姑娘发现有人偷听，急忙转身向山上跑去，猎人也紧紧跟上，转来转去再没有看见那位唱歌的姑娘，只有歌声在山间回荡。

后来，每年农历四月二十六至二十八，成千上万的男女从四面八方赶来集会，聚居在松鸣岩下，纪念传说中留给人间优美歌声的仙女。游山唱"花儿"或祈祷禳灾，求神许愿，举行佛教的龙华大会，"花儿会"也由此而兴起。

曲牌丰富的兰州鼓子

鼓子词是宋代的说唱技艺。演唱时以鼓伴奏，反复应用同一个词调，或间以说白，用来叙事写景。表演形式分为只唱不说和有说有唱两种。

只唱不说，大多篇幅短小，只有一两首词。有说有唱的，说的部分放在篇首，概括介绍内容。词用骈文，格式比较固定。后来又发展为说唱相间，句句言情，篇篇见意，一段唱接一段说，轮递进行。

模拟古代宫廷演奏

鼓子词对说唱艺术的发展及南戏产生了深远的影响。

兰州是甘肃省的中心，地处黄河上游，始建于公元前86年。

■ 模拟古代宫廷演奏

蝶恋花 又名《黄金缕》《鹊踏枝》《凤栖梧》等，是我国词牌的名称，分上下两阕，共60个字，一般用来填写多愁善感和缠绵悱恻的内容。宋代以来，产生了不少以《蝶恋花》为词牌的优美辞章，都是历代经久不衰的绝唱。

秦始皇统一全国后，分天下为36个郡，兰州一带属陇西郡地。西汉初期，依秦建制，兰州仍为陇西郡辖地。

至公元前121年，汉将霍去病率军西征匈奴，在兰州西设令居塞驻军，为汉开辟河西四郡打通了道路。公元前86年在兰州始置金城县，属天水郡管辖。

兰州鼓子，又名"兰州曲子""兰州鼓子词"，简称"鼓子"，兰州人习惯称为"兰州鼓子"，是流行于兰州地区的一种民间曲艺形式，是我国曲艺的古老曲种之一。

兰州鼓子在兰州地区是家喻户晓，人人皆知的文化娱乐形式，绝大多数兰州人都能弹会唱。如遇喜庆节日，请客宴会，不论在农村的家庭院落，还是集镇的茶肆酒楼，老兰州人聚集在一起弹唱。每当唱到高潮之时，他们便一人演唱而众人帮腔显得气氛十分热闹。

兰州鼓子的产生及其形成的历史年代，看法不一。

据《四库全书提要》记载："宋赵德麟始创商调鼓子词，用'蝶恋花'谱西厢十二首"。

《甘宁青史略》中记载"鼓子词的创始人，是宋代安定郡王赵德麟"。更明确的看法认为："兰州鼓子源于宋代，流行于甘肃兰州地区。"

一种看法认为兰州鼓子产生于唐代。鼓子词有一个曲调名叫"打枣竿"，据说为唐太宗打枣时所唱。

另一种看法认为，兰州鼓子可能由宋词、元曲的诸宫调演变而来，并与唐代的敦煌变文有着紧密的关系。

还有一种意见认为，北宋时期广泛流传在北方的鼓子词，首先传入安定郡，经过赵德麟加以丰富，然后再传入兰州，又吸取了当时兰州流行的"平调""勾调""当调"的优点，成为了兰州流行的十大

■ 古代乐工蜡像

■ 自弹自唱

八角鼓 古时满族人用于自娱的一种拍击膜鸣乐器，因鼓身有8个角而得名，又称"单鼓"。鼓体扁小，鼓面呈八角形。鼓框用8块乌木、紫檀木、红木、花梨木和骨片拼粘而成。7面框边内各嵌两三枚小铜钹，一面嵌钉柱缀鼓穗，寓意五谷丰登。

调之一。

最新的看法认为："兰州鼓子的产生，应当在北京八角鼓、陕西眉户的成型之后，而且应该说是由外地传来，并非由当地某一人所始创……"

"由北京八角鼓繁衍而生的新型地方曲艺——兰州鼓子，约在清道咸前后，开始在当地娱乐场所慢慢传唱了。"

以上几种说法有一个共同点，即兰州鼓子的产生，绝不是一个人所能成就的，而是有一个历史发展的形成过程。

兰州鼓子是以唱为主的曲艺形式，其中有1人、2人、3人演唱之分。主要表演手法是唱和说，有的段子光唱不说，有的段子又光说不唱，而有的段子则有唱有说，似唱似说。

兰州鼓子一般采用自弹自唱形式。句式有5字、6字、7字、8字、11字。虽在句式上有长有短，但在格式上要求非常严格，不允许有加字、加句和减字、减句的情况出现。

兰州鼓子演唱时以三弦为主要伴奏乐器，辅以扬琴、板胡、二胡、琵琶、月琴、箫、笛等。早年还有八角鼓、四叶瓦、瓷碟等击节伴奏，后则用小月鼓击节起头。

其唱腔清雅婉转，音域幽广，白口清晰，起伏平和，能将喜、怒、哀、乐等复杂思想情绪，表现得淋漓尽致。同时，演员的手势和面部表情都能给听众以美感。

兰州鼓子曲牌丰富，唱腔优美，风格高雅，韵味悠长，而且乡土气息浓厚，常用的唱腔曲牌有《坡儿下》《罗江怨》《边关调》等40余支。已确知的曲牌约有100多种。

从声腔上来讲，可分为平调、鼓子、越调3种，平调多为单支的小令和大曲；鼓子腔是由鼓子头、若干曲牌和鼓子尾连缀而成；越调腔也是由越调、若干曲牌和越尾联套而成。

各曲牌都有其特点，可以表达不同人物的不同情绪，如"边关调"表现的悲壮；"北宫调"表现凄

扬琴 又称洋琴、打琴、铜丝琴、扇面琴、蝙蝠琴、蝴蝶琴，击弦乐器。扬琴是中国民族乐队中必不可少的乐器。它与钢琴同宗，音色具有鲜明的特点，音量宏大，刚柔并济，表现力极为丰富，在民间器乐合奏和民族乐队中充当"钢琴伴奏"的角色，是一种不可缺少的主要乐器。

■ 伴奏乐器大鼓

古代女子演奏

凉；"紧诉"表现热烈紧张，"慢诉"表现舒缓轻快；"石榴花"和"倒推桨"表现抒情婉转，"金钱调"和"剪靛花"表现喜悦平和；"罗江怨""叠断桥"表现忧郁悲伤。

再如提炼全曲精华的"鼓子头"，叙述情节的"诗牌子"，倾诉衷肠的"悲调"，还有抒发豪情的"依尔哟"，真是千啼百啭，各尽其工。

兰州鼓子传统曲目内容大致可分为三大类：一是赞颂祝贺之词；二是咏物写景之言；三是民间传说和历史故事。

其中，占主要地位的是民间传说和历史故事。代表曲目有《别后心伤》《拷红》《莺莺饯行》《独占花魁》《武松打虎》《林冲夜奔》《延庆打擂》等。

塞外江南

陇右文化特色与形态

阅读链接

兰州鼓子词有一个曲调名叫"打枣竿"。关于这个曲牌的由来，在兰州鼓子艺人中流传这样一个故事：

唐太宗李世民有一天游兴大发，他派人找来魏征，让魏征陪同他一起游后花园。

后花园有一大片枣树结满了红红的枣。太宗李世民见满树枣子红得可爱，就找来一根长竹竿边打枣子，边随口哼唱着。

魏征听着听着，忽然拍手笑道："好调子！好调子！，不一般！"

李世民问什么调子？

魏征回答："万岁刚才打枣子，哼的那个调子，岂不是一首绝妙的'打枣竿'吗？"魏征也由此编成了"打枣竿"一调。

中华精神家园书系

建筑古蕴

壮丽皇宫：三大故宫的建筑壮景
宫殿怀古：古风犹存的历代华宫
古都遗韵：古都的厚重历史遗韵
千古都城：三大古都的千古传奇
王府胜景：北京著名王府的景致
府衙古影：古代府衙的历史遗风
古城底蕴：十大古城的历史风貌
古镇奇苑：物宝天华的古镇奇观
古村佳境：人杰地灵的千年古村
经典民居：精华浓缩的最美民居

古建之魂

千年名刹：享誉中外的佛教寺院
天下四绝：佛教的海内四大名刹
皇家寺院：御赐美名的著名古刹
寺院奇观：独特文化底蕴的名刹
京城宝刹：北京内外八刹与三山
道观杰作：道教的十大著名宫观
古塔瑰宝：无上玄机的魅力古塔
宝塔珍品：巧夺天工的非常古塔
千古祭庙：历代帝王庙与名臣庙

古建涵蕴

天下祭坛：北京祭坛的绝妙密码
祭祀庙宇：香火旺盛的各地神庙
绵延祠庙：传奇神人的祭祀圣殿
至圣尊崇：文化浓厚的孔孟祭地
人间天宫：非凡造诣的妈祖庙宇
祠庙典范：最具人文特色的祭祠
绝代王陵：气势恢宏的帝王陵园
王陵雄风：空前绝后的地下城堡
大宅揽胜：宏大气派的大户宅第
古街韵味：古色古香的千年古街

古建风雅

皇家御苑：非凡胜景的皇家园林
非凡胜景：北京著名的皇家园林
园林精粹：苏州园林特色与名园
秀美园林：江南园林特色与名园
园林千姿：岭南园林特色与名园
雄丽之园：北方园林特色与名园
亭台情趣：迷人的典型精品古建
楼阁雅韵：神圣典雅的古建象征
三大名楼：文人雅士的汇聚之所
古建古风：中国古典建筑与标志

文化遗迹

远古人类：中国最早猿人及遗址
原始文化：新石器时代文化遗址
王朝遗韵：历代都城与王城遗址
考古遗珍：中国的十大考古发现
陵墓遗存：古代陵墓与出土文物
石窟奇观：著名石窟与不朽艺术
石刻神工：古代石刻与文化艺术
岩画古韵：古代岩画与艺术特色
家居古风：古代建材与家居艺术
古道依稀：古代商贸通道与交通

物宝天华

青铜时代：青铜文化与艺术特色
玉石之国：玉器文化与艺术特色
陶器寻古：陶器文化与艺术特色
瓷器故乡：瓷器文化与艺术特色
金银生辉：金银文化与艺术特色
珐琅精工：珐琅器与文化之特色
琉璃古风：琉璃器与文化之特色
天然大漆：漆器文化与艺术特色
天然珍宝：珍珠宝石与艺术特色
天下奇石：赏石文化与艺术特色

中华精神家园书系

古迹奇观
玉宇琼楼：分布全国的古建筑群
城楼古景：雄伟壮丽的古代城楼
历史开关：千年古城墙与古城门
长城纵览：古代浩大的防御工程
长城关隘：万里长城的著名关卡
雄关漫道：北方的著名古代关隘
千古要塞：南方的著名古代关隘
桥的国度：穿越古今的著名桥梁
古桥天姿：千姿百态的古桥艺术
水利古貌：古代水利工程与遗迹

山水灵性
母亲之河：黄河文明与历史渊源
中华巨龙：长江文明与历史渊源
江河之美：著名江河的文化流源
水韵雅趣：湖泊泉瀑与历史文化
东岳西岳：泰山华山与历史文化
五岳名山：恒山衡山嵩山的文化
三山美名：三山美景与历史文化
佛教名山：佛教名山的文化流芳
道教名山：道教名山的文化流芳
天下奇山：名山奇迹与文化内涵

自然遗产
天地厚礼：中国的世界自然遗产
地理恩赐：地质蕴含之美与价值
绝美景色：国家综合自然风景区
地质奇观：国家自然地质风景区
无限美景：国家自然山水风景区
自然名胜：国家自然名胜风景区
天然生态：国家综合自然保护区
动物乐园：国家动物自然保护区
植物王国：国家保护的野生植物
森林景观：国家森林公园大博览

西部沃土
古朴秦川：三秦文化特色与形态
龙兴之地：汉水文化特色与形态
塞外江南：陇right文化特色与形态
人类敦煌：敦煌文化特色与形态
巴山风情：巴渝文化特色与形态
天府之国：蜀文化的特色与形态
黔风贵韵：黔贵文化特色与形态
七彩云南：滇云文化特色与形态
八桂山水：八桂文化特色与形态
草原牧歌：草原文化特色与形态

东部风情
燕赵悲歌：燕赵文化特色与形态
齐鲁儒风：齐鲁文化特色与形态
吴越人家：吴越文化特色与形态
两淮之风：两淮文化特色与形态
八闽魅力：福建文化特色与形态
客家风采：客家文化特色与形态
岭南灵秀：岭南文化特色与形态
潮汕之根：潮州文化特色与形态
滨海风光：琼州文化特色与形态
宝岛台湾：台湾文化特色与形态

中部之魂
三晋大地：三晋文化特色与形态
华夏之中：中原文化特色与形态
陈楚风韵：陈楚文化特色与形态
地方显学：徽州文化特色与形态
形胜之区：江西文化特色与形态
淳朴湖湘：湖湘文化特色与形态
神秘湘西：湘西文化特色与形态
瑰丽楚地：荆楚文化特色与形态
秦淮画卷：秦淮文化特色与形态
冰雪关东：关东文化特色与形态

节庆习俗
普天同庆：春节习俗与文化内涵
张灯结彩：元宵习俗与彩灯文化
寄托哀思：清明祭祀与寒食习俗
粽情端午：端午节与赛龙舟习俗
浪漫佳期：七夕节俗与妇女乞巧
花好月圆：中秋节俗与赏月之风
九九踏秋：重阳节俗与登高赏菊
千秋佳节：传统节日与文化内涵
民族盛典：少数民族节日与内涵
百姓聚欢：庙会活动与赶集习俗

民风根源
血缘脉系：家族家谱与家庭文化
万姓之根：姓氏与名字号及称谓
生之由来：生庚生肖与寿诞礼俗
婚事礼仪：嫁娶礼俗与结婚喜庆
人生遵位：人生处世与礼俗文化
幸福美满：福禄寿喜与五福临门
礼仪之邦：古代礼制与礼仪文化
祭祀庆典：传统祭典与祭祀礼俗
山水相依：依山傍水的居住文化

衣食天下
衣冠楚楚：服装艺术与文化内涵
凤冠霞帔：佩饰艺术与文化内涵
丝绸锦缎：古代纺织精品与布艺
绣美中华：刺绣文化与四大名绣
以食为天：饮食历史与筷子文化
美食中国：八大菜系与文化内涵
中国酒道：酒历史酒文化的特色
酒香千年：酿酒遗址与传统名酒
茶道风雅：茶历史茶文化的特色

国风美术
丹青史话：绘画历史演变与内涵
国画风采：绘画方法体系与类别
独特画派：著名绘画流派与特色
国画瑰宝：传世名画的绝色魅力
国风长卷：传世名画的大美风采
艺术之根：民间剪纸与民间年画
影视鼻祖：民间皮影戏与木偶戏
国粹书法：书法历史与艺术内涵
翰墨飘香：著名书法名作与艺术
行书天下：著名行书精品与艺术

汉语之魂
汉语源流：汉字汉语与文章体类
文学经典：文学评论与作品选集
古老哲学：哲学流派与经典著作
史册汗青：历史典籍与文化内涵
统御之道：政论专著与文化内涵
兵家韬略：兵法谋略与文化内涵
文苑集成：古代文献与经典专著
经传宝典：古代经传与文化内涵
曲苑音坛：曲艺说唱项目与艺术
曲艺奇葩：曲艺伴奏项目与艺术

博大文学
神话魅力：神话传说与文化内涵
民间相传：民间传说与文化内涵
英雄赞歌：四大英雄史诗与内涵
灿烂散文：散文历史与艺术特色
诗的国度：诗的历史与艺术特色
词苑漫步：词的历史与艺术特色
散曲奇葩：散曲历史与艺术特色
小说源流：小说历史与艺术特色
小说经典：著名古典小说的魅力

歌舞共娱

古乐流芳：古代音乐历史与文化
钧天广乐：古代十大名曲与内涵
八音古乐：古代乐器与演奏艺术
鸾歌凤舞：古代大曲历史与艺术
妙舞长空：舞蹈历史与文化内涵
体育古项：体育运动与古老项目
民俗娱乐：民俗运动与古老项目
刀光剑影：器械武术种类与文化
快乐游艺：古老游艺与文化内涵
开心棋牌：棋牌文化与古老项目

戏苑杂谈

梨园春秋：中国戏曲历史与文化
古戏经典：四大古典悲剧与喜剧
关东曲苑：东北戏曲种类与艺术
京津大戏：北京与天津戏曲艺术
燕赵戏苑：河北戏曲种类与艺术
三秦戏苑：陕西戏曲种类与艺术
齐鲁戏台：山东戏曲种类与艺术
中原曲苑：河南戏曲种类与艺术
江淮戏话：安徽戏曲种类与艺术

梨园谱系

苏沪大戏：江苏上海戏曲与艺术
钱塘戏话：浙江戏曲种类与艺术
荆楚戏台：湖北戏曲种类与艺术
潇湘梨园：湖南戏曲种类与艺术
滇黔好戏：云南贵州戏曲与艺术
八桂梨园：广西戏曲种类与艺术
闽台戏苑：福建戏曲种类与艺术
粤琼戏话：广东戏曲种类与艺术
赣江好戏：江西戏曲种类与艺术

科技回眸

创始发明：四大发明与历史价值
科技首创：万物探索与发明发现
天文回望：天文历史与天文科技
万年历法：古代历法与岁时文化
地理探究：地学历史与地理科技
数学史鉴：数学历史与数学成就
物理源流：物理历史与物理科技
化学历程：化学历史与化学科技
农学春秋：农学历史与农业科技
生物寻古：生物历史与生物科技

千秋教化

教育之本：历代官学与民风教化
文武科举：科举历史与选拔制度
教化于民：太学文化与私塾文化
官学盛况：国子监与学宫的教育
朗朗书院：书院文化与教育特色
君子之学：琴棋书画与六艺课目
启蒙经典：家教蒙学与文化内涵
文房四宝：纸笔墨砚及文化内涵
刻印时代：古籍历史与文化内涵
金石之光：篆刻艺术与印章碑石

传统美德

君子之为：修身齐家治国平天下
刚健有为：自强不息与勇毅力行
仁爱孝悌：传统美德的集中体现
谦和好礼：为人处世的美好情操
诚信知报：质朴道德的重要表现
精忠报国：民族精神的巨大力量
克己奉公：强烈使命感和责任感
见利思义：崇高人格的光辉写照
勤俭廉政：民族的共同价值取向
笃实宽厚：宽厚品德的生活体现

文化标记

龙凤图腾：龙凤崇拜与舞龙舞狮
吉祥如意：吉祥物品与文化内涵
花中四君：梅兰竹菊与文化内涵
草木有情：草木美誉与文化象征
雕塑之韵：雕塑历史与艺术内涵
壁画遗韵：古代壁画与古墓丹青
雕刻精工：竹木骨牙角匏与工艺
百年老号：百年企业与文化传统
特色之乡：文化之乡与文化内涵

悠久历史

古往今来：历代更替与王朝千秋
天下一统：历代统一与行动韬略
太平盛世：历代盛世与开明之治
变法图强：历代变法与图强革新
古代外交：历代外交与文化交流
选贤任能：历代官制与选拔制度
法治天下：历代法制与公正严明
古代税赋：历代赋役与劳役制度
三农史志：历代农业与土地制度
古代户籍：历代区划与户籍制度

历史长河

兵器阵法：历代军事与兵器阵法
战事演义：历代战争与著名战役
货币历程：历代货币与钱币形式
金融形态：历代金融与货币流通
交通巡礼：历代交通与水陆运输
商贸纵观：历代商业与市场经济
印纺工业：历代纺织与印染工艺
古老行业：三百六十行由来发展
养殖史话：古代畜牧与古代渔业
种植细说：古代栽培与古代园艺

杰出人物

文韬武略：杰出帝王与励精图治
千古忠良：千古贤臣与爱国爱民
将帅传奇：将帅风云与文韬武略
思想宗师：先贤思想与智慧精华
科学鼻祖：科学精英与求索发现
发明巨匠：发明天工与创造英才
文坛泰斗：文学大家与传世经典
诗神巨星：天才诗人与妙笔华篇
画界巨擘：绘画名家与绝代精品
艺术大家：艺术大师与杰出之作

信仰之光

儒学根源：儒学历史与文化内涵
文化主体：天人合一的思想内涵
处世之道：传统儒家的修行法宝
上善若水：道教历史与道教文化

强健之源

中国功夫：中华武术历史与文化
南拳北腿：武术种类与文化内涵
少林传奇：少林功夫历史与文化